3-vallin kara: Diagonaalinen kulma kulmakuvioihin

Esimerkkejä ammattilaisurheilun turnauksista

Testaa itsesi vastaan ammattilaisjoukkueita

Allan P. Sand
PBIA Sertifioitu biljardin ohjaaja

ISBN 978-1-62505-274-2
PRINT 7x10

ISBN 978-1-62505-428-9
PRINT 8.5x11

First edition

Copyright © 2019 Allan P. Sand

All rights reserved under International and Pan-American Copyright Conventions.

Published by Billiard Gods Productions.
Santa Clara, CA 95051
U.S.A.

For the latest information about books and videos, go to: http://www.billiardgods.com

Acknowledgements
Wei Chao created the software that was used to create these graphics.

Sisällysluettelo

Käyttöönotto 1
Tietoja taulukon asetteluista 1
Taulukon asennusohjeet..2
Asettelujen tarkoitus..2
A: Yksinkertainen lävistäjä 3
A: Ryhmä 1...3
A: Ryhmä 2...8
A: Ryhmä 3...13
A: Ryhmä 4...18
A: Ryhmä 5...23
A: Ryhmä 6...28
B: Yksinkertainen lävistäjä, muunnettu 33
B: Ryhmä 1...33
B: Ryhmä 2...38
B: Ryhmä 3...43
C: Rinnakkainen lävistäjä...48
C: Ryhmä 1...48
C: Ryhmä 2...53
C: Ryhmä 3...58
C: Ryhmä 4...63
C: Ryhmä 5...68
D: Kaksinkertainen lävistäjä 73
D: Ryhmä 1...73
D: Ryhmä 2...78
D: Ryhmä 3...83
D: Ryhmä 4...88
D: Ryhmä 5...93
D: Ryhmä 6...98
D: Ryhmä 7...103
E: Kaksinkertainen lävistäjä, muunnettu 108
E: Ryhmä 1...108
E: Ryhmä 2...113
E: Ryhmä 3...118
E: Ryhmä 4...123
E: Ryhmä 5...128
E: Ryhmä 6...133
F: Kolminkertainen lävistäjä 138
F: Ryhmä 1...138
F: Ryhmä 2...143
F: Ryhmä 3...148

Other books by the author …

    3 Cushion Billiards Championship Shots (a series)

    Carom Billiards: Some Riddles & Puzzles

    Carom Billiards: MORE Riddles & Puzzles

    Why Pool Hustlers Win

    Table Map Library

    Safety Toolbox

    Cue Ball Control Cheat Sheets

    Advanced Cue Ball Control Self-Testing Program

    Drills & Exercises for Pool & Pocket Billiards

    The Art of War versus The Art of Pool

    The Psychology of Losing – Tricks, Traps & Sharks

    The Art of Team Coaching

    The Art of Personal Competition

    The Art of Politics & Campaigning

    The Art of Marketing & Promotion

    Kitchen God's Guide for Single Guys

Käyttöönotto

Tämä on yksi sarjasta 3 tyyny biljardi -kirjoja, jotka osoittavat, kuinka ammattimaiset pelaajat tekevät päätöksiä, jotka perustuvat taulukon asetteluun. Kaikki nämä ulkoasut ovat kansainvälisiltä kilpailuilta.

Nämä asettelut asettavat sinut pelaajan päähän, alkaen pallojen paikoista (ensimmäisessä taulukossa). Toisen taulukon asettelun mukaan pelaaja päätti tehdä.

Tietoja taulukon asetteluista

Nämä ovat pöydän kolme palloa:

 (CB) (sinun biljardipallo)

 (OB) (vastustaja biljardipallo)

 (OB) (punainen biljardipallo)

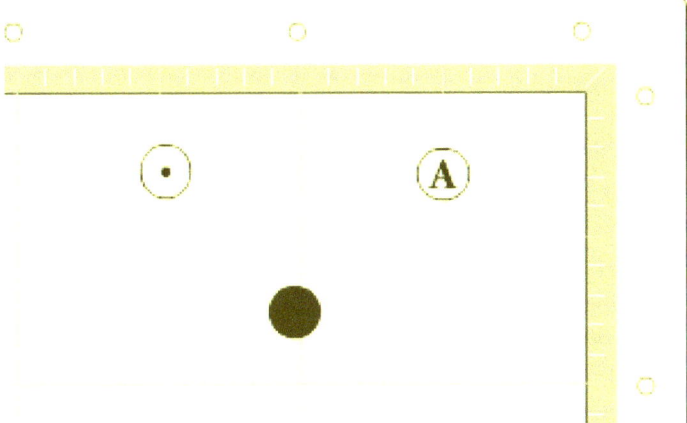

Jokaisessa konfiguraatiossa on kaksi taulukon ulkoasua. Ensimmäinen taulukko on pallopisteitä. Toinen taulukko on, kuinka pallot liikkuvat pöydällä.

Taulukon asennusohjeet

Käytä paperin vahvistusrenkaita merkitsemään pallopisteitä (ostakaa missä tahansa toimistotarvikkeiden myymälässä).

Aseta kolikko jokaiseen pöytätyynyyn, jonka (CB) koskettaa.

Vertaa (CB) polkuasi toisen taulukkon kokoonpanon kanssa. Jos haluat oppia, saatat tarvita useita yrityksiä. Jokaisen vian jälkeen tee säätö ja yritä uudelleen, kunnes olet onnistunut.

Asettelujen tarkoitus

Nämä asettelut on tarkoitettu kahteen tarkoitukseen.

- Analyysisi - Kotona voit pohtia, kuinka pelata kokoonpanoa ensimmäisellä pöydällä. Vertaa ideoita toisen taulukon todelliseen kuvioon. Ajattele ratkaisua ja harkitse vaihtoehtoja. Toisesta taulukosta voit myös analysoida, miten ohjeita noudatetaan. Henkisesti pelata laukaus ja päättää, miten voit onnistua.

- Käytä pöydän kokoonpanoa - Aseta pallot paikoilleen ensimmäisen pöydän kokoonpanon mukaisesti. Yritä kuvata samalla tavoin kuin toinen taulukkokaavio. Saatat tarvita useita yrityksiä ennen kuin löydät oikean tavan pelata. Näin voit oppia ja pelata näitä laukauksia kilpailujen ja turnausten aikana.

Henkisen analyysin ja käytännön käytännön yhdistelmä tekee sinusta älykkäämpää pelaajaa.

3-vallin kara: Diagonaalinen kulma kulmakuvioihin

A: Yksinkertainen lävistäjä

Nämä ovat joukko pallomalleja, jotka kulkevat kulmasta kohti vastakkaista kulmaa. (CB) kulkee pöydän yli yhdestä kulmasta vastakkaiseen kulmaan.

(A) (CB) (sinun biljardipallo) – (·) (OB) (vastustaja biljardipallo) – ● (OB) (punainen biljardipallo)

A: Ryhmä 1

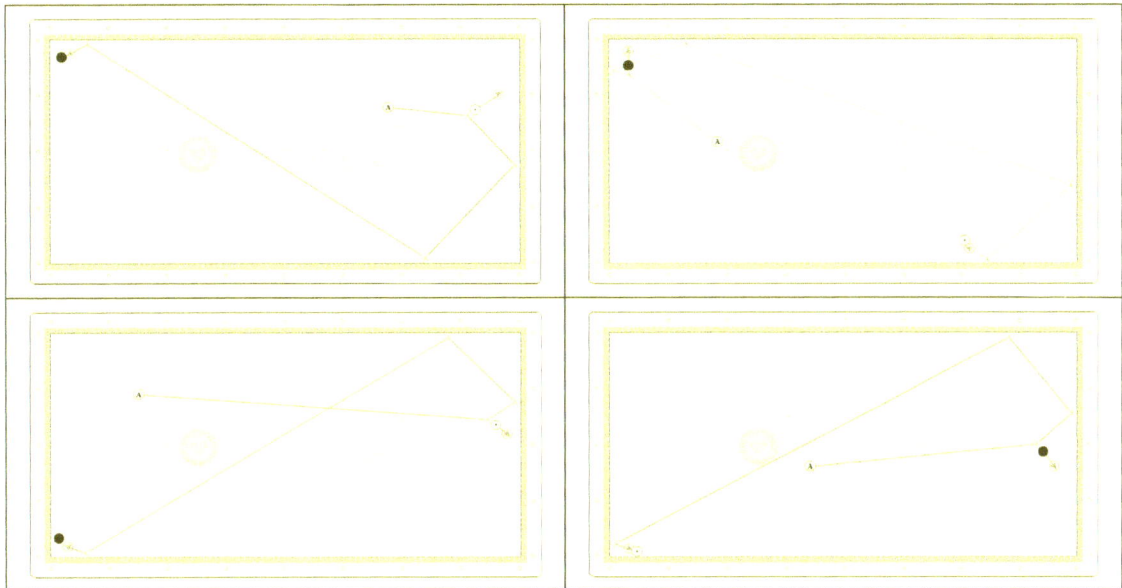

Analyysi:

A:1a. _____

A:1b. _____

A:1c. _____

A:1d. _____

A:1a – Piirustus

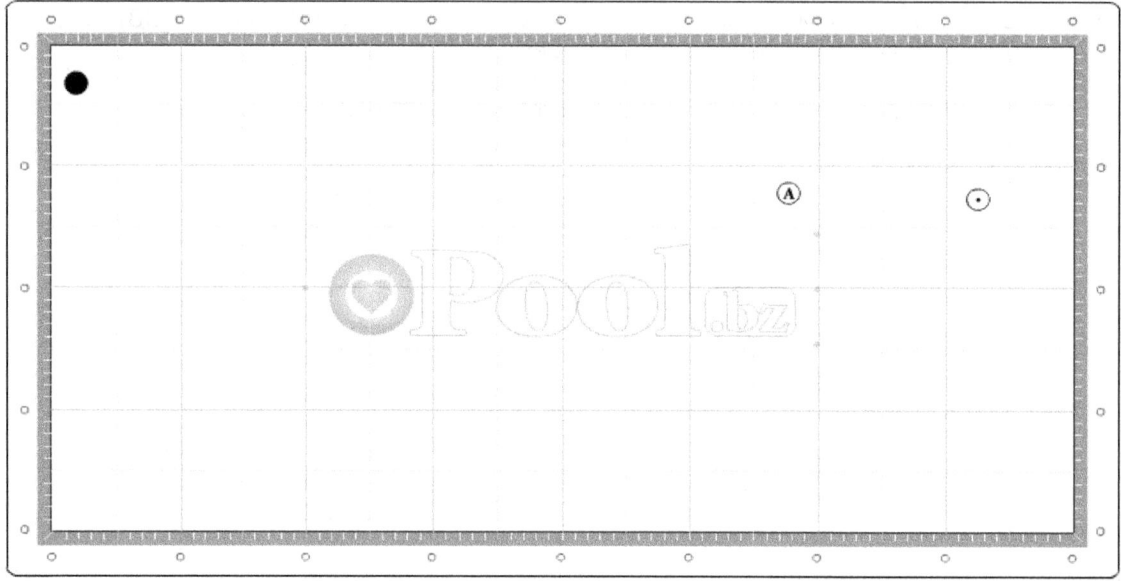

Huomautuksia ja ideoita:

Pallokuviota

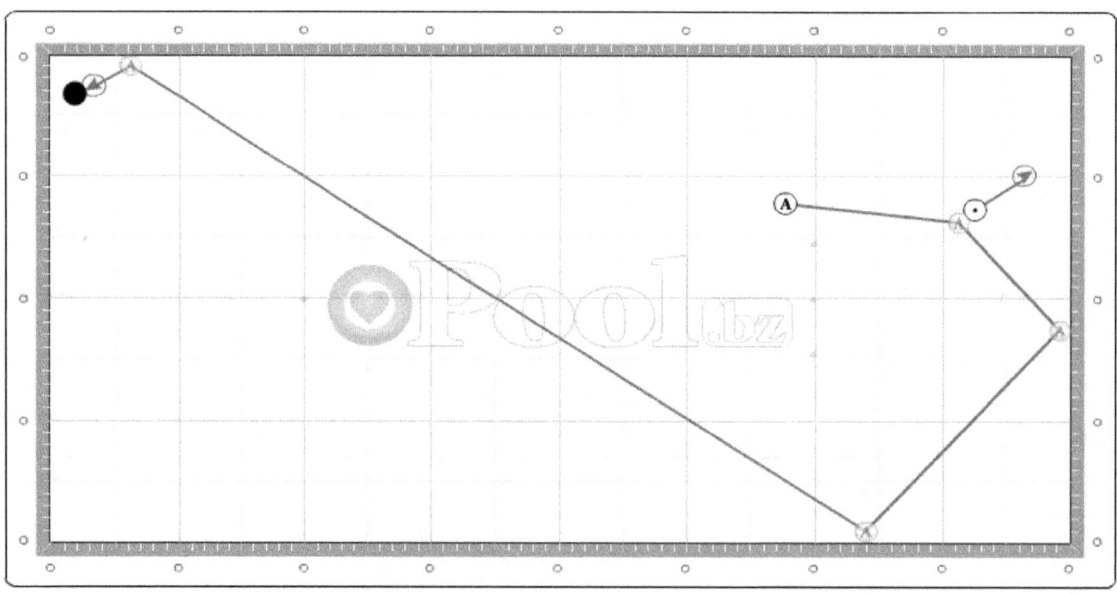

A:1b – Piirustus

Huomautuksia ja ideoita:

Pallokuviota

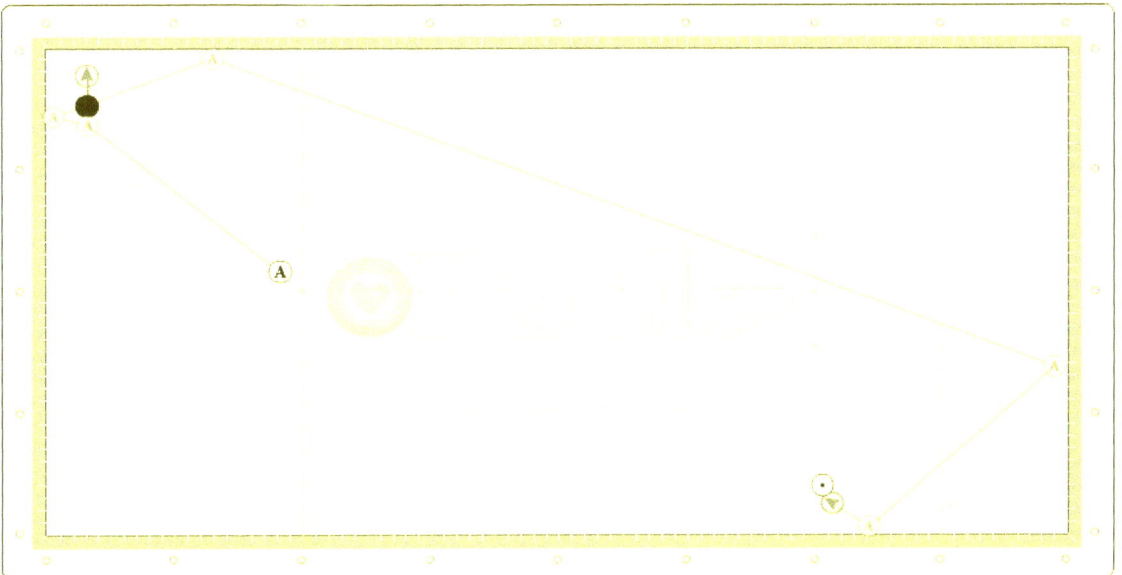

A:1c – Piirustus

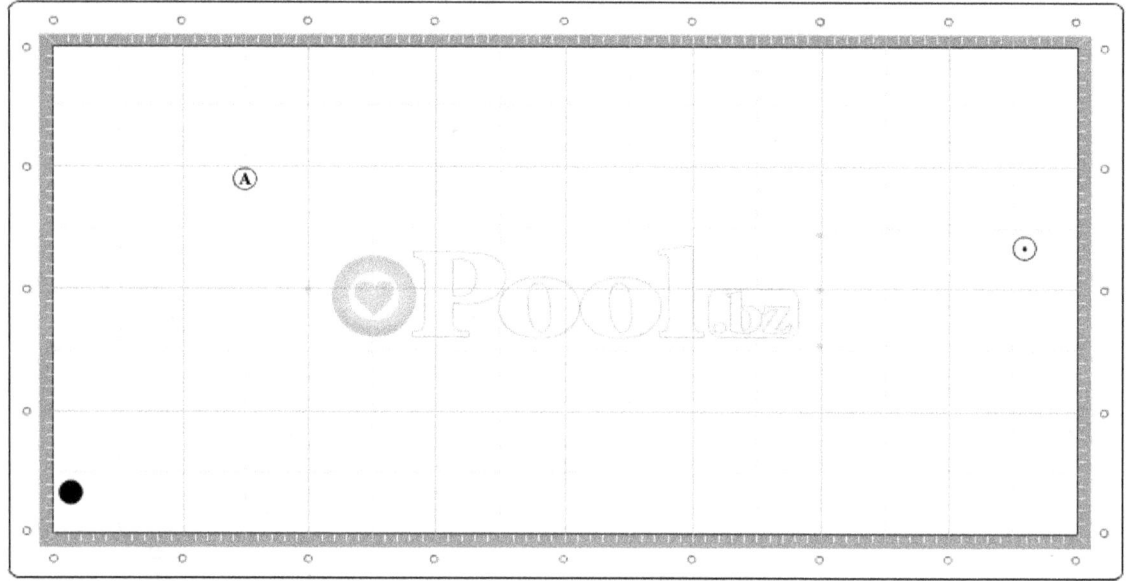

Huomautuksia ja ideoita:

Pallokuviota

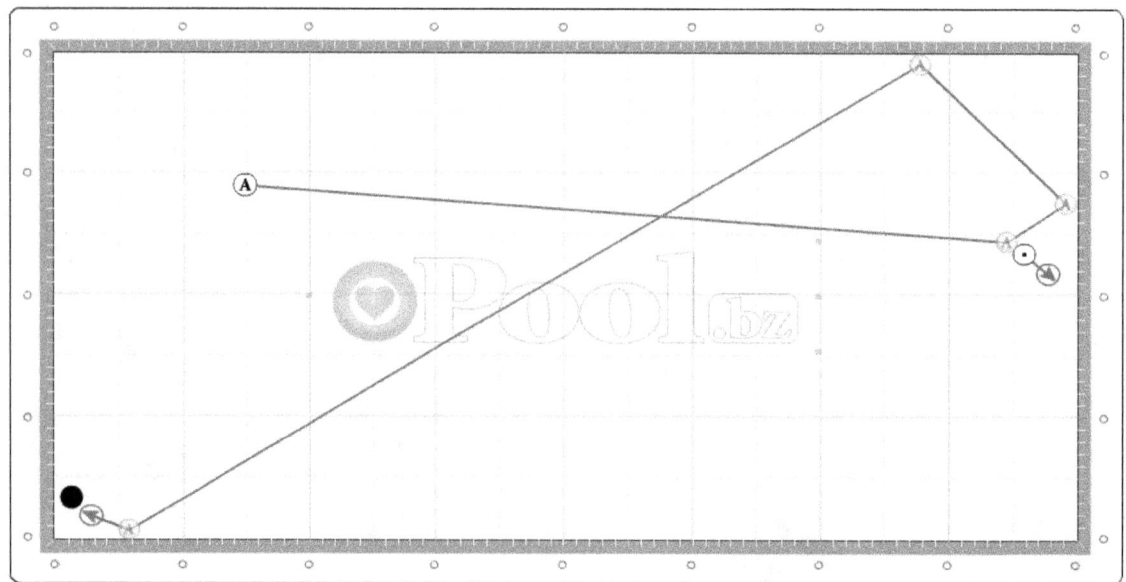

A:1d – Piirustus

Huomautuksia ja ideoita:

Pallokuviota

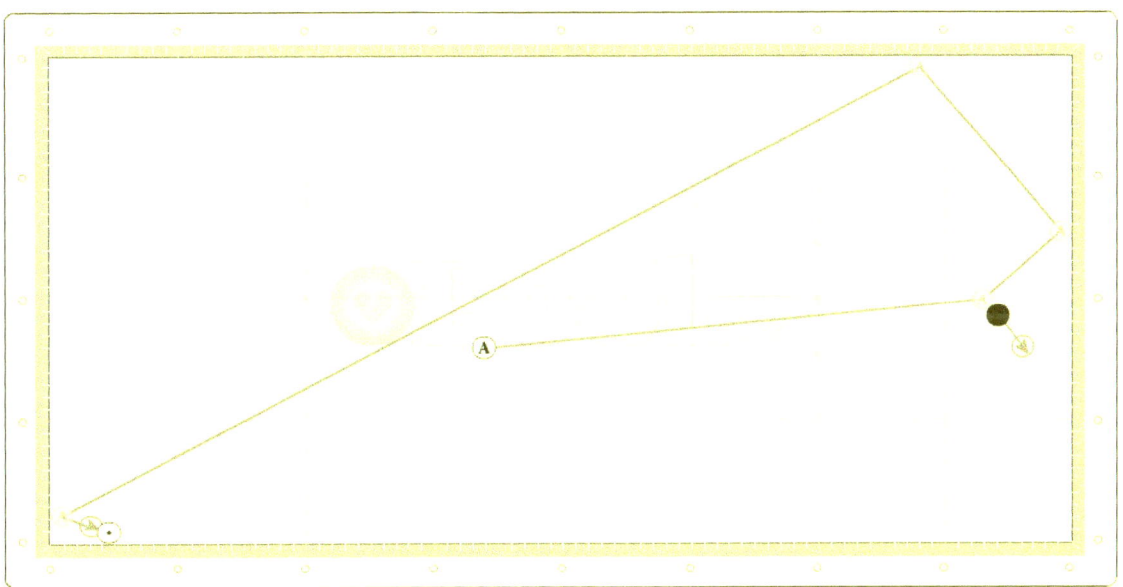

A: Ryhmä 2

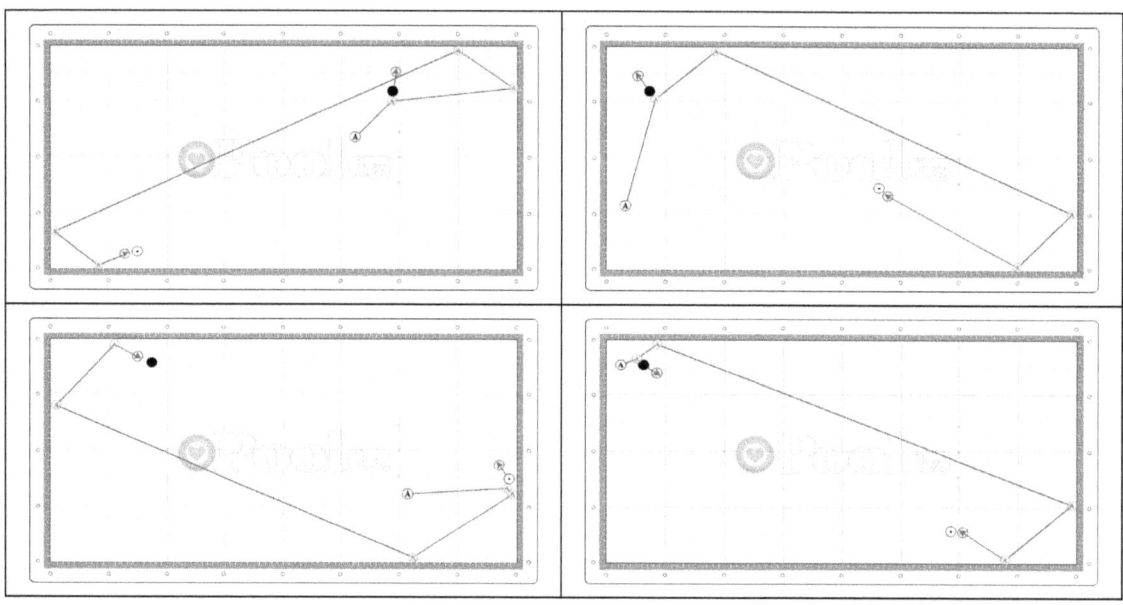

Analyysi:

A:2a. _____

A:2b. _____

A:2c. _____

A:2d. _____

3-vallin kara: Diagonaalinen kulma kulmakuvioihin

A:2a – Piirustus

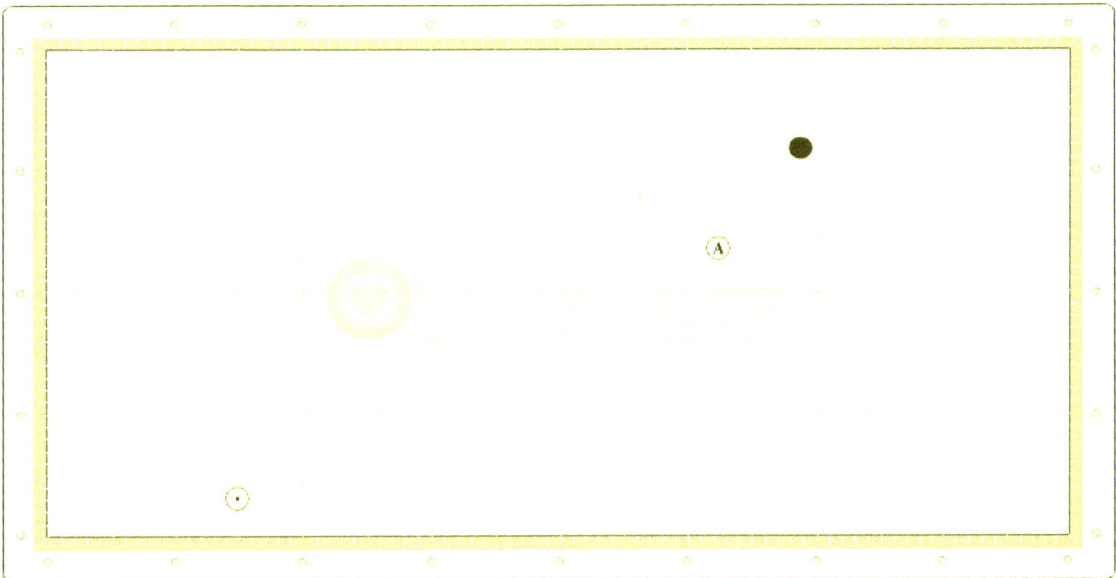

Huomautuksia ja ideoita:

Pallokuviota

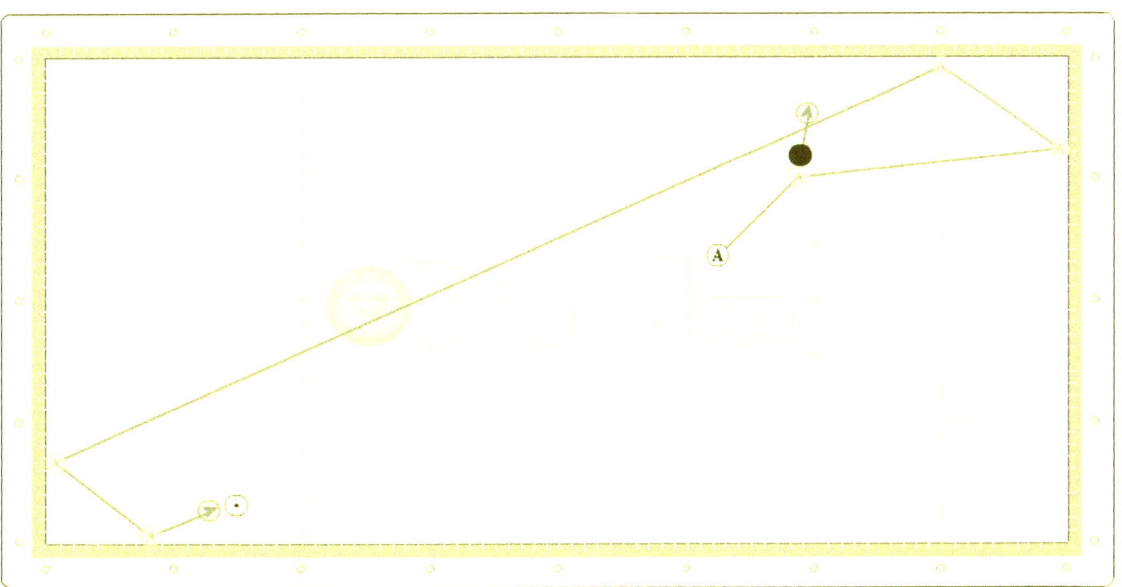

A:2b – Piirustus

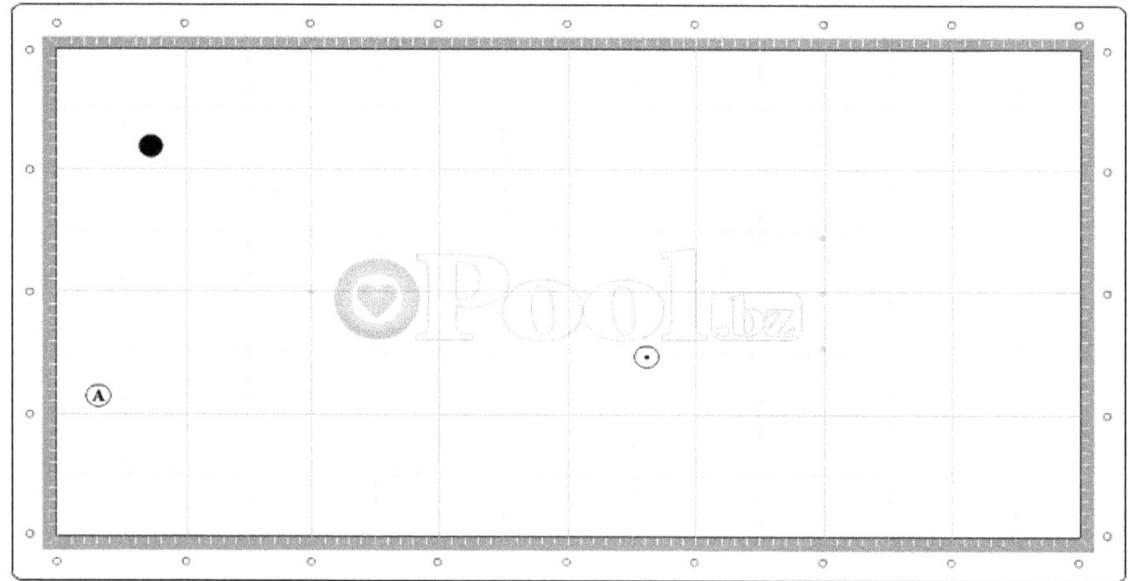

Huomautuksia ja ideoita:

Pallokuviota

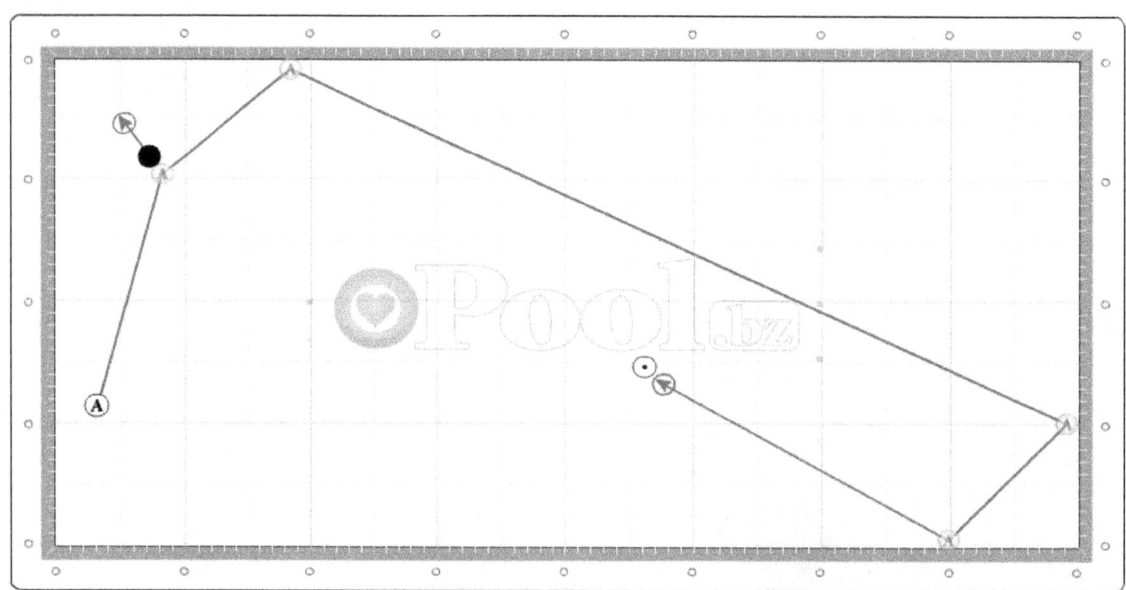

A:2c – Piirustus

Huomautuksia ja ideoita:

Pallokuviota

3-vallin kara: Diagonaalinen kulma kulmakuvioihin

A:2d – Piirustus

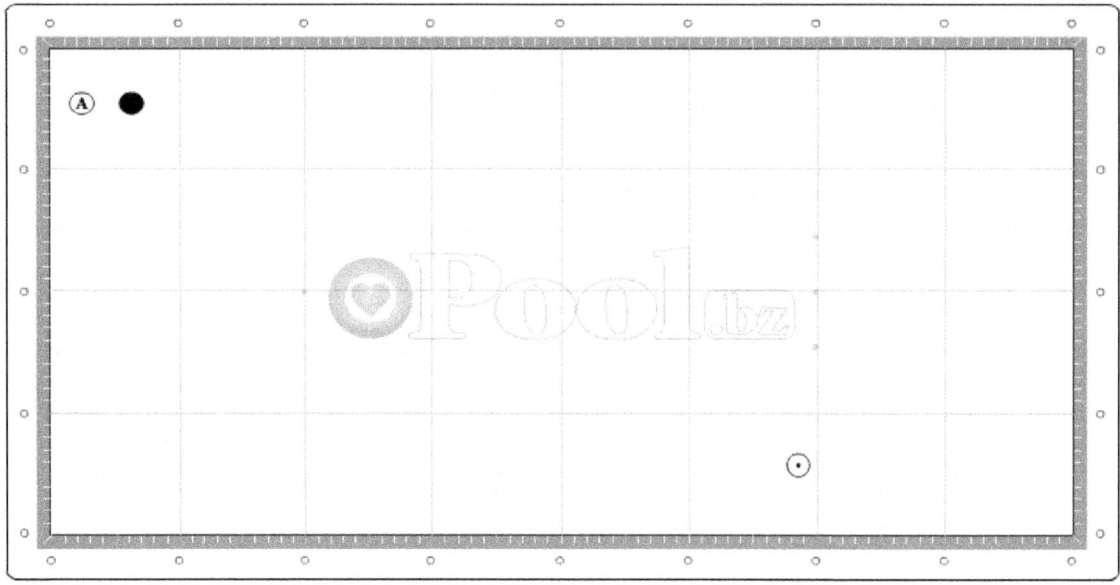

Huomautuksia ja ideoita:

Pallokuviota

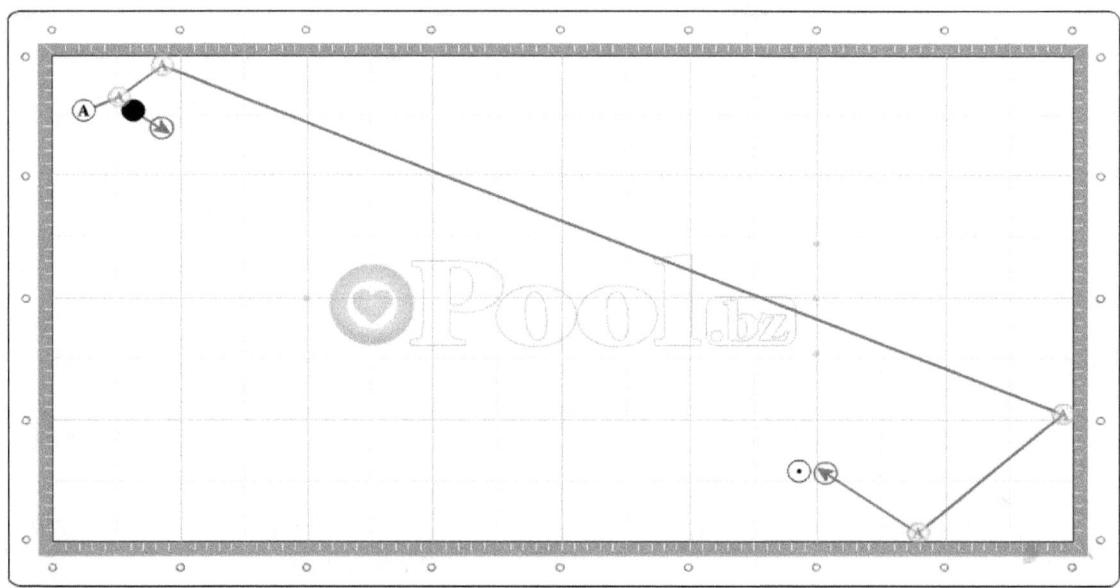

A: Ryhmä 3

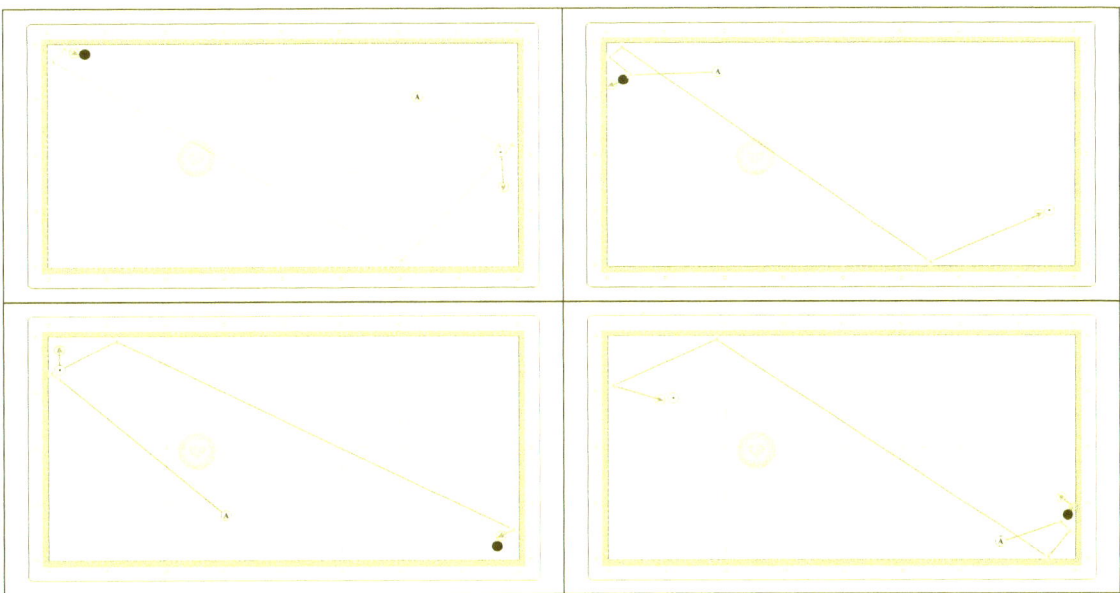

Analyysi:

A:3a. _____

A:3b. _____

A:3c. _____

A:3d. _____

A:3a – Piirustus

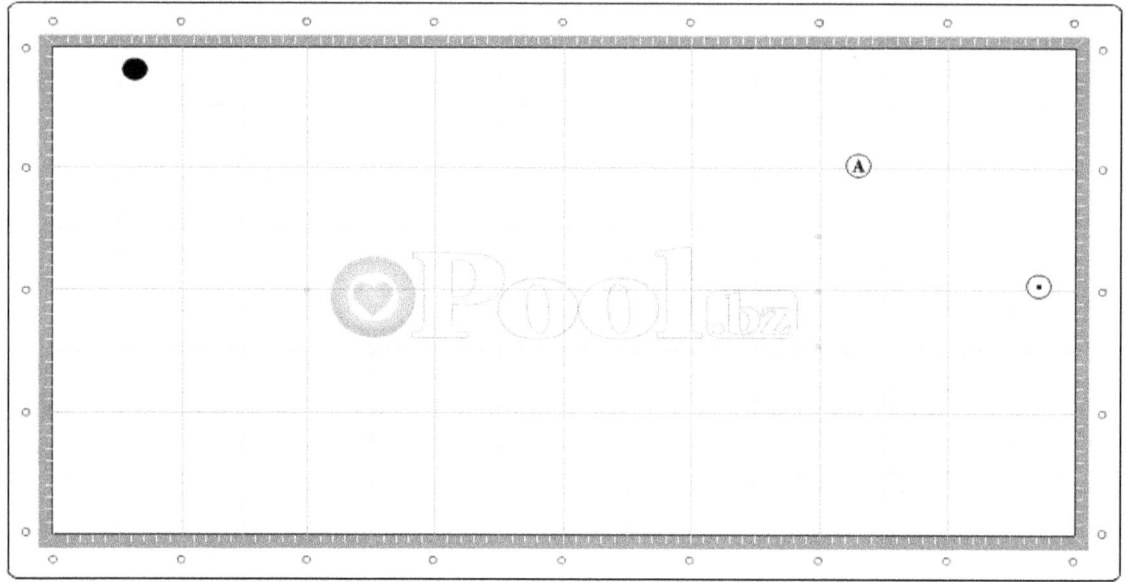

Huomautuksia ja ideoita:

Pallokuviota

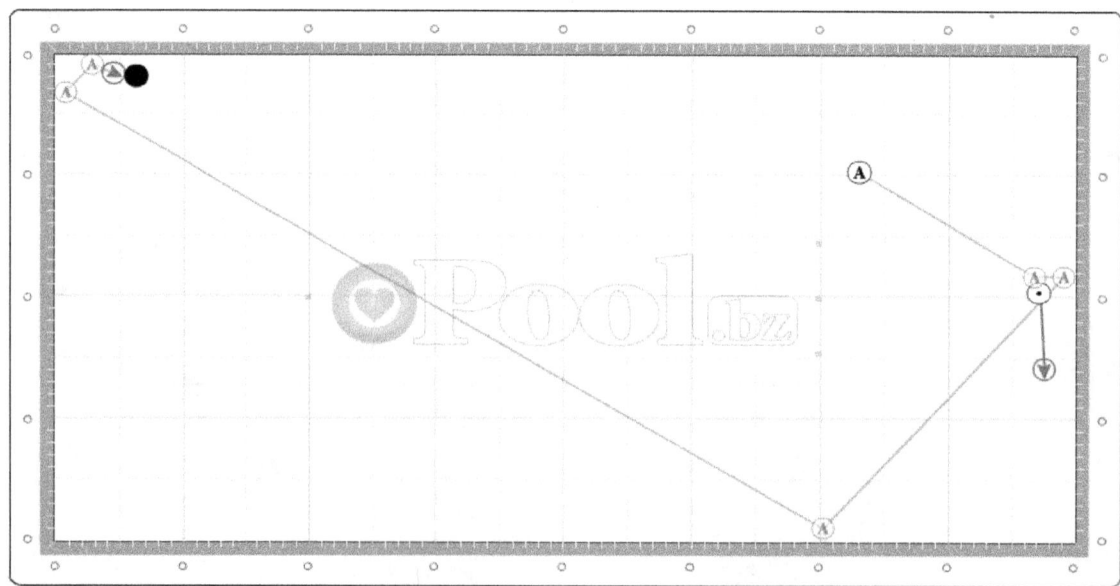

3-vallin kara: Diagonaalinen kulma kulmakuvioihin

A:3b – Piirustus

Huomautuksia ja ideoita:

Pallokuviota

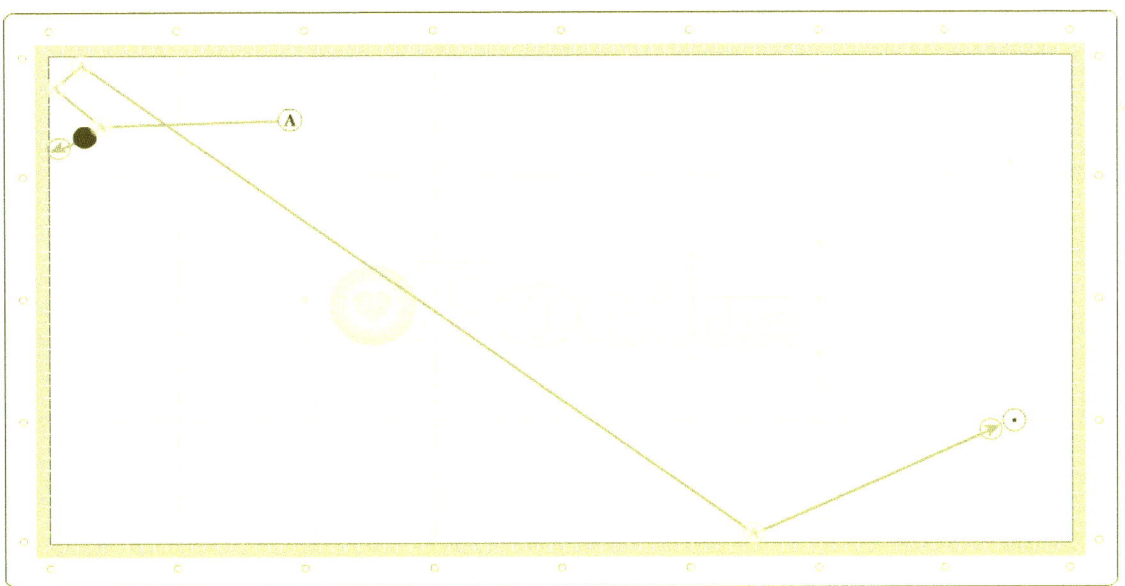

A:3c – Piirustus

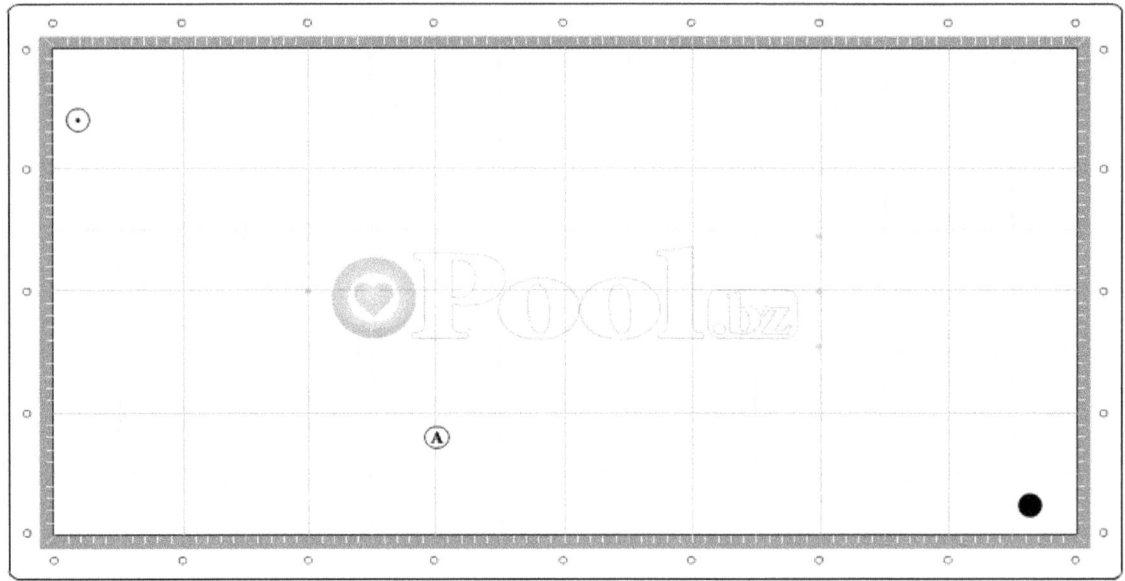

Huomautuksia ja ideoita:

Pallokuviota

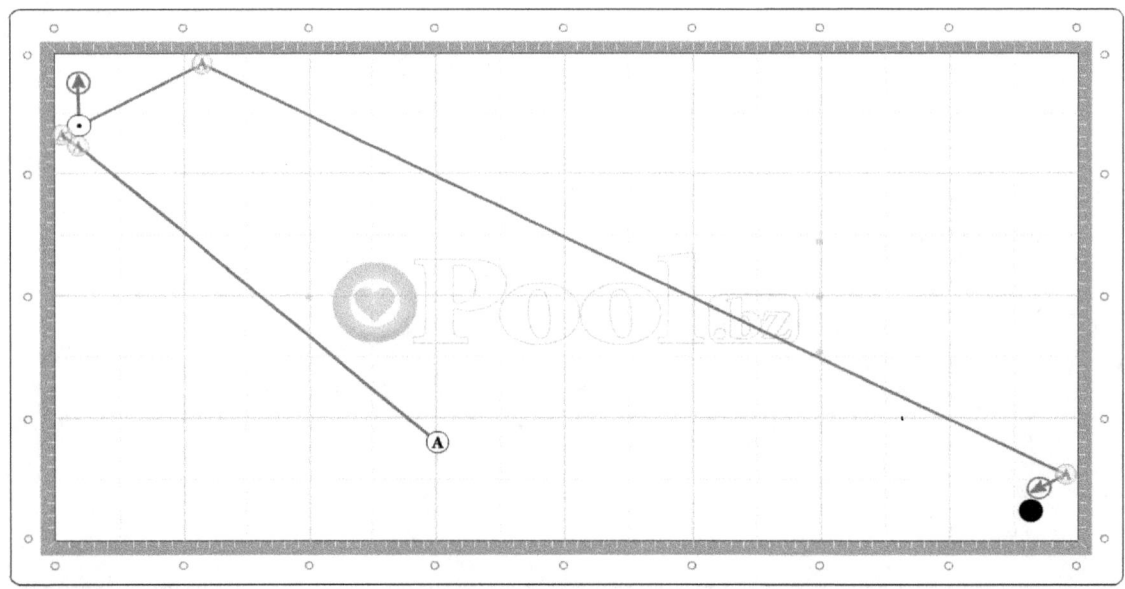

A:3d – Piirustus

Huomautuksia ja ideoita:

Pallokuviota

A: Ryhmä 4

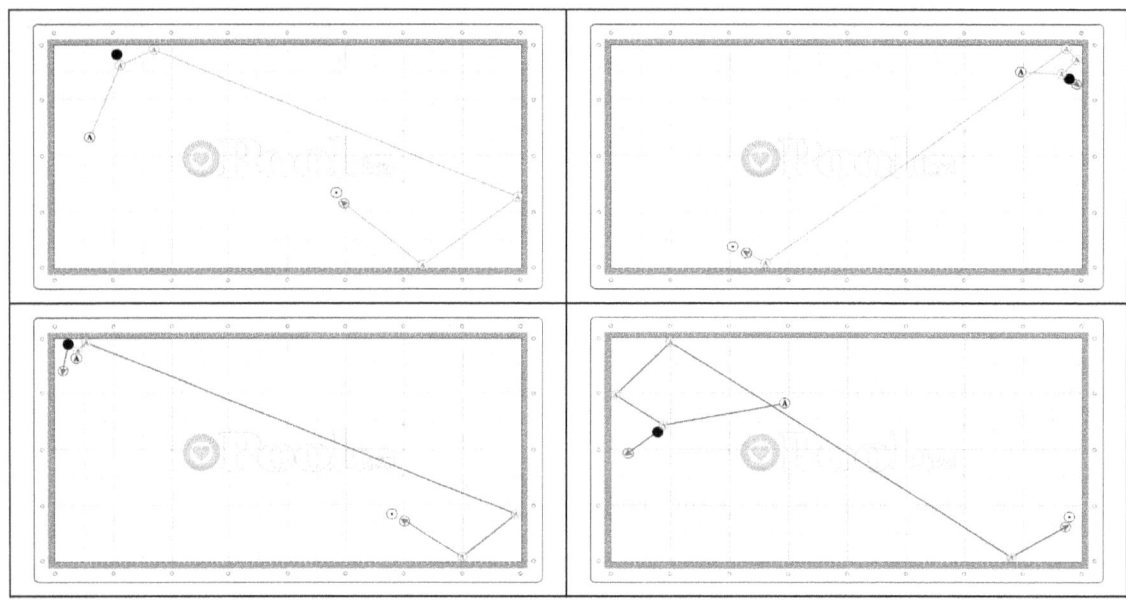

Analyysi:

A:4a. _____

A:4b. _____

A:4c. _____

A:4d. _____

A:4a – Piirustus

Huomautuksia ja ideoita:

Pallokuviota

A:4b – Piirustus

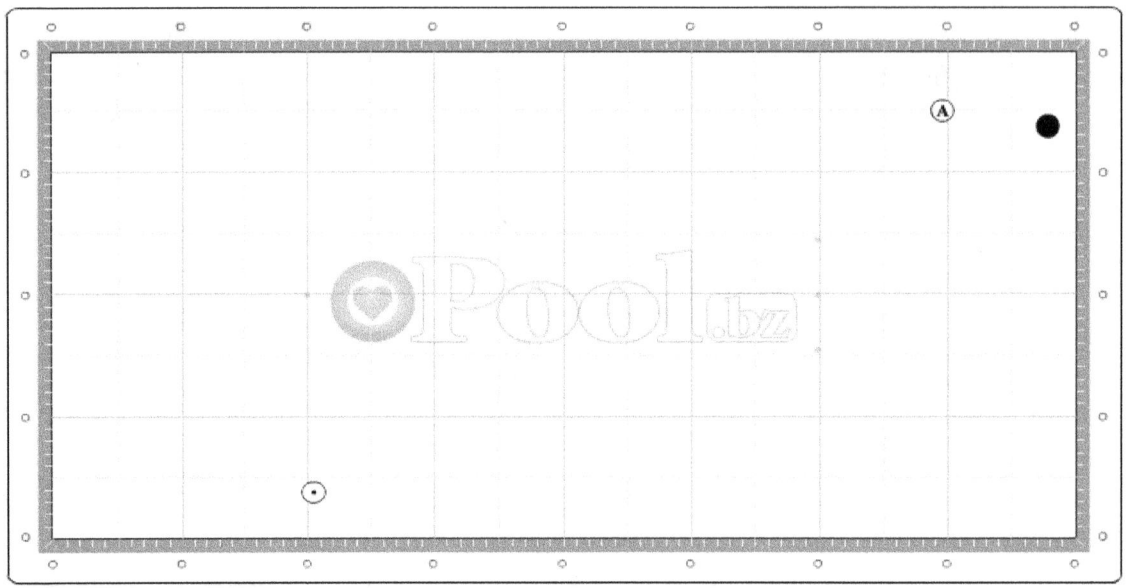

Huomautuksia ja ideoita:

Pallokuviota

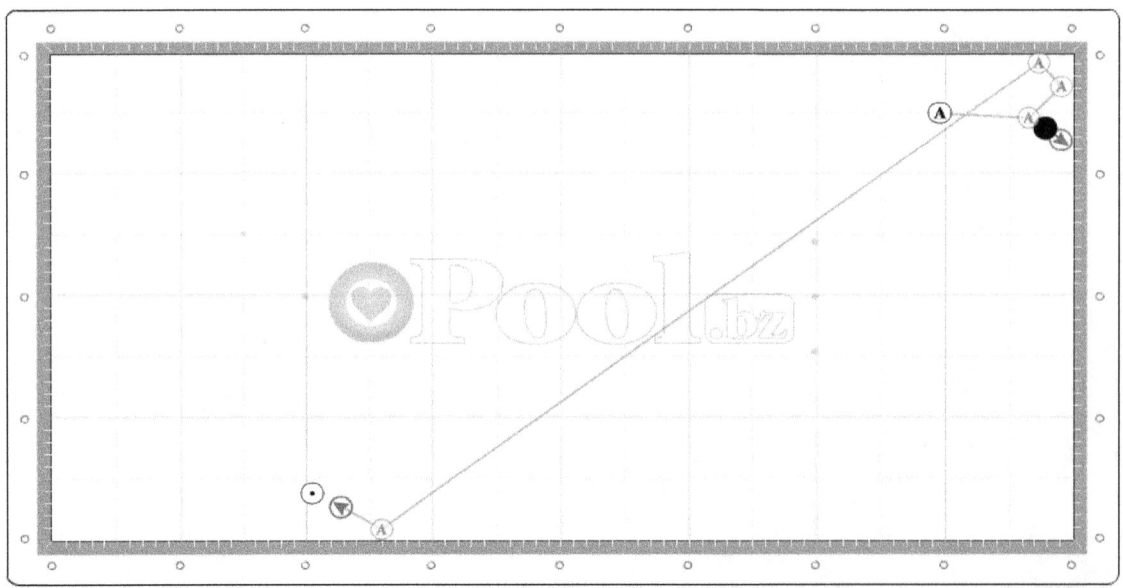

A:4c – Piirustus

Huomautuksia ja ideoita:

Pallokuviota

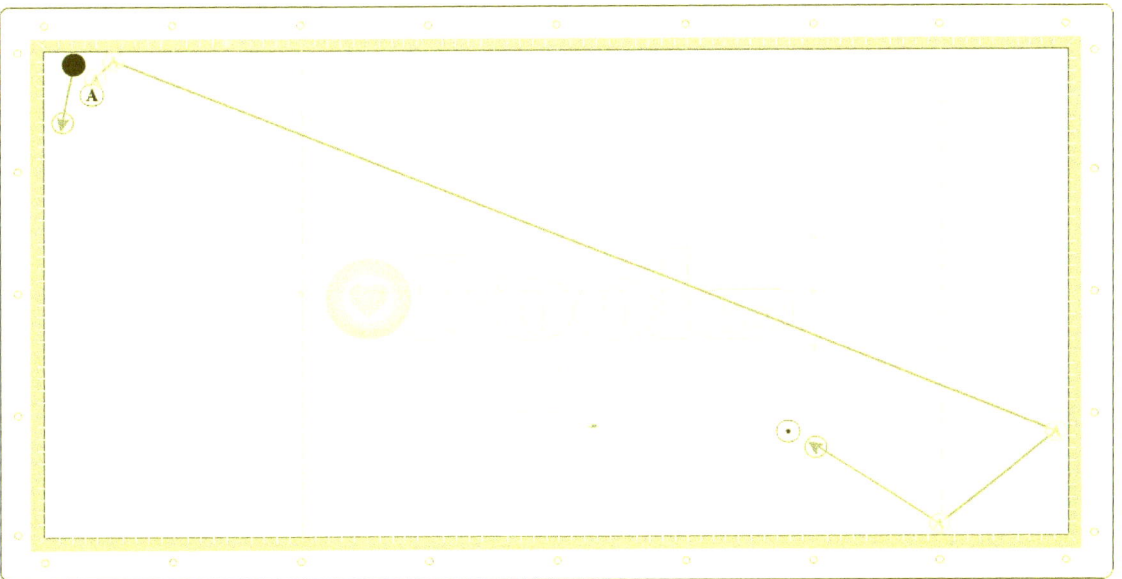

A:4d – Piirustus

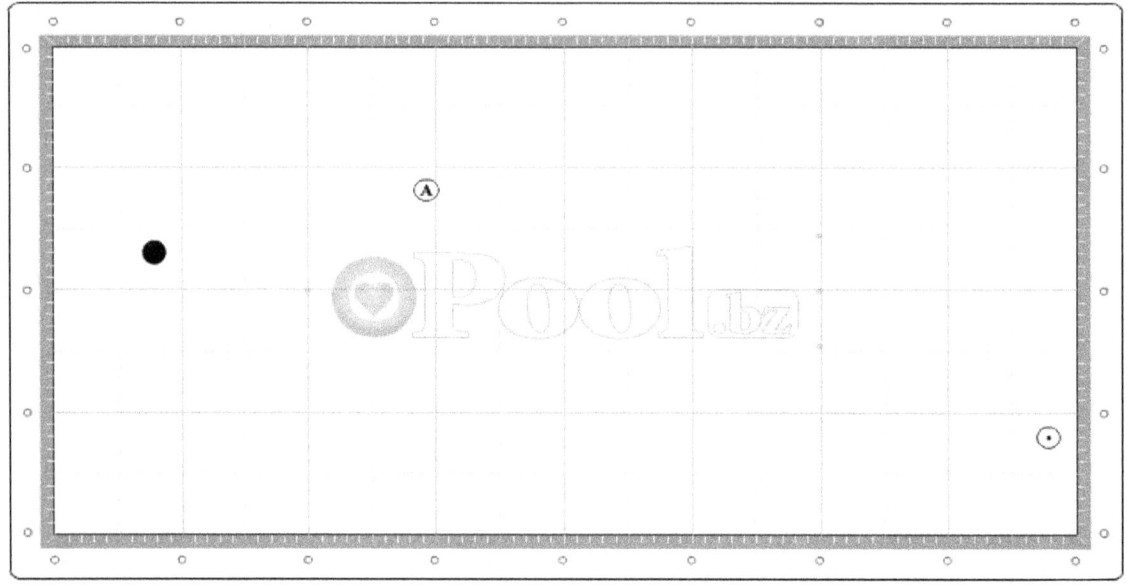

Huomautuksia ja ideoita:

Pallokuviota

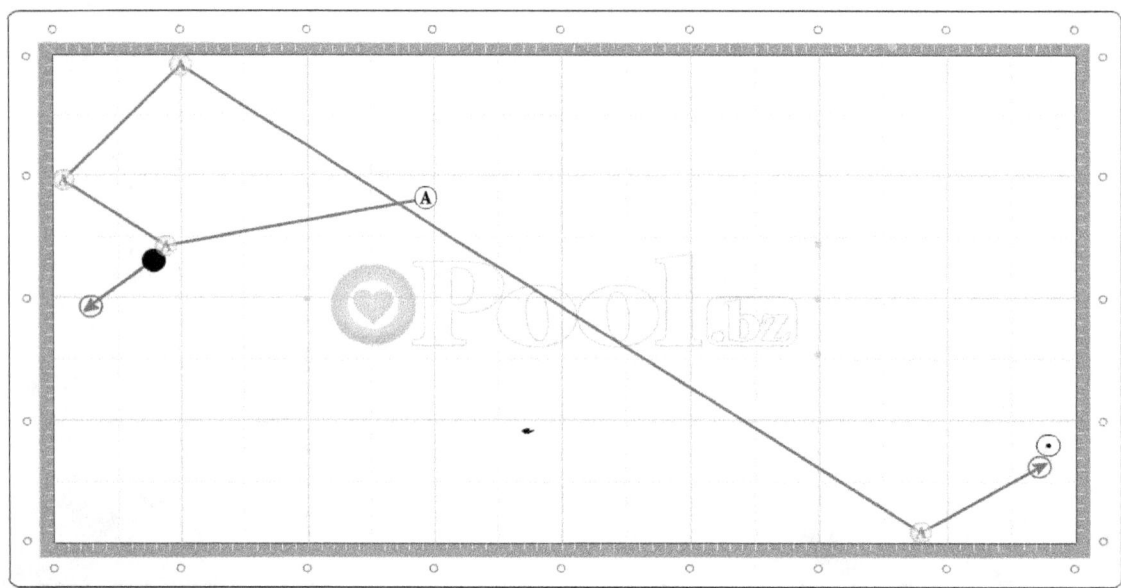

A: Ryhmä 5

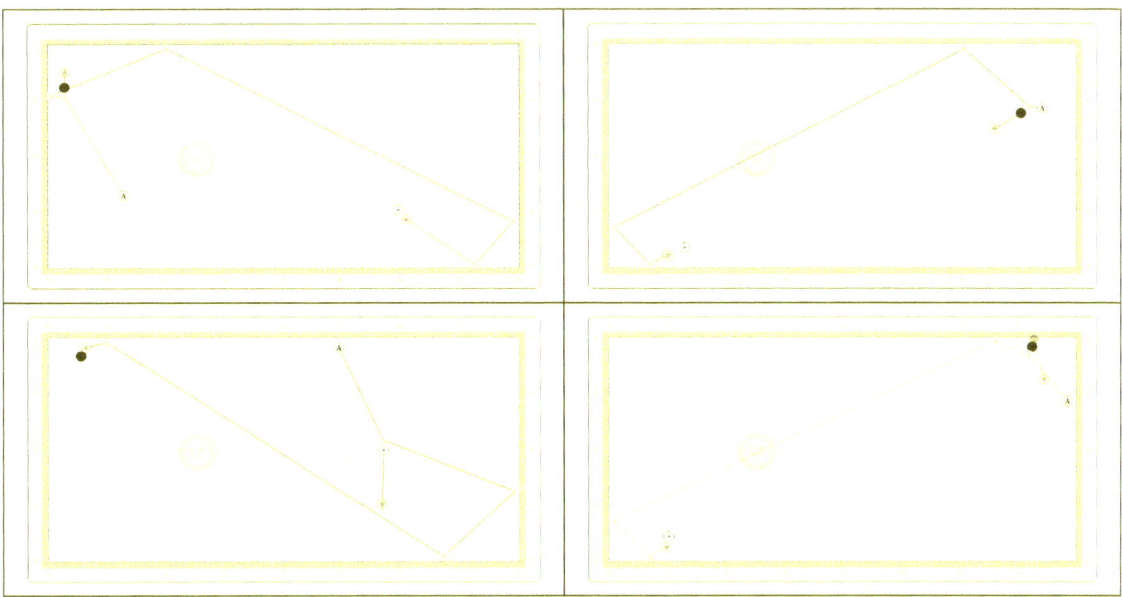

Analyysi:

A:5a. _____

A:5b. _____

A:5c. _____

A:5d. _____

3-vallin kara: Diagonaalinen kulma kulmakuvioihin

A:5a – Piirustus

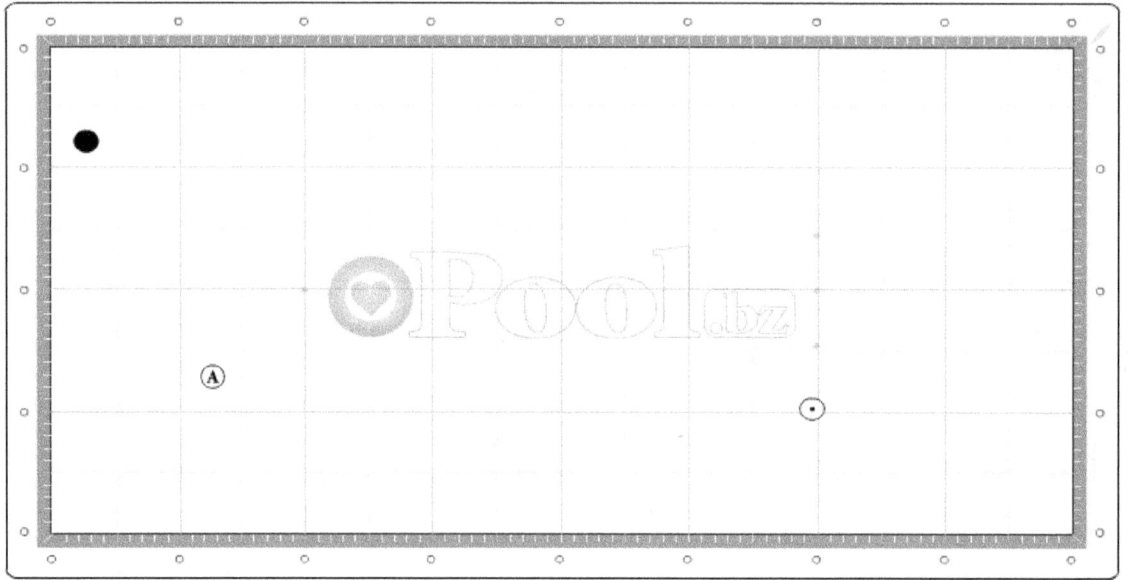

Huomautuksia ja ideoita:

Pallokuviota

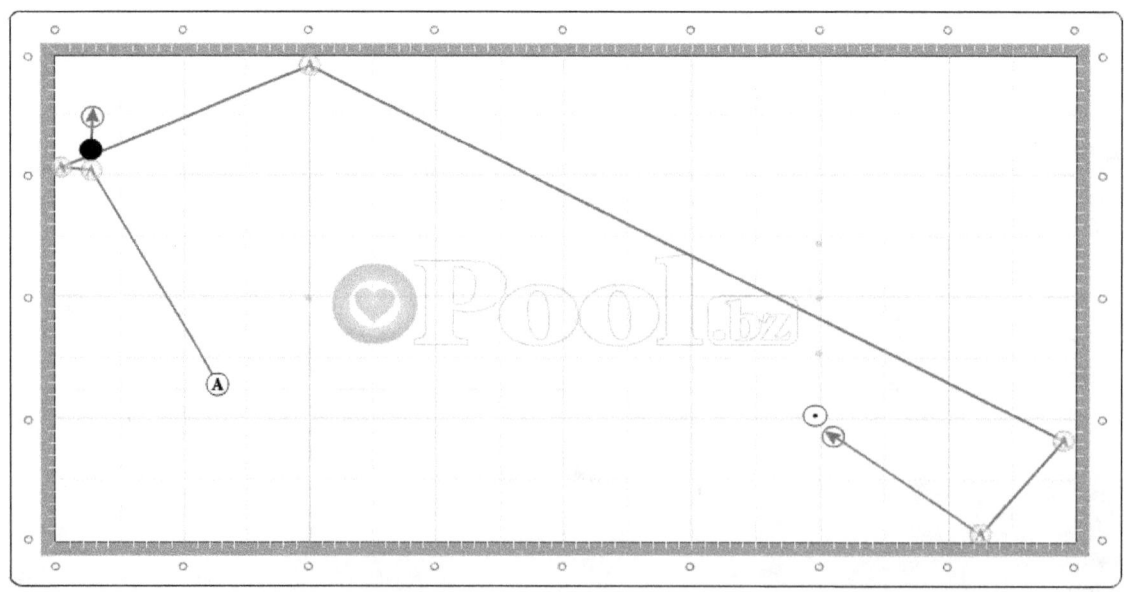

A:5b – Piirustus

Huomautuksia ja ideoita:

Pallokuviota

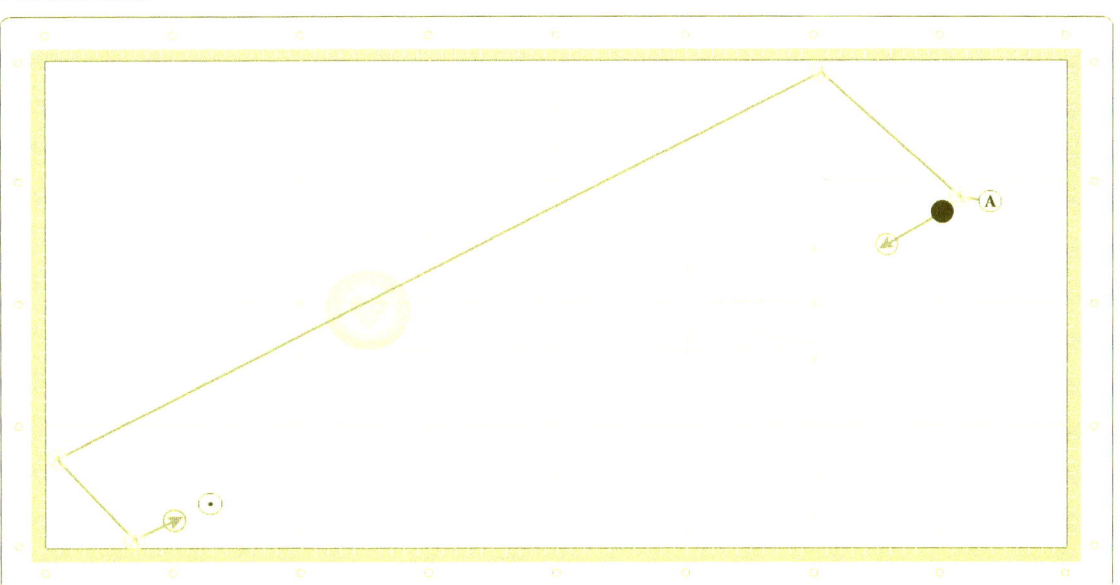

A:5c – Piirustus

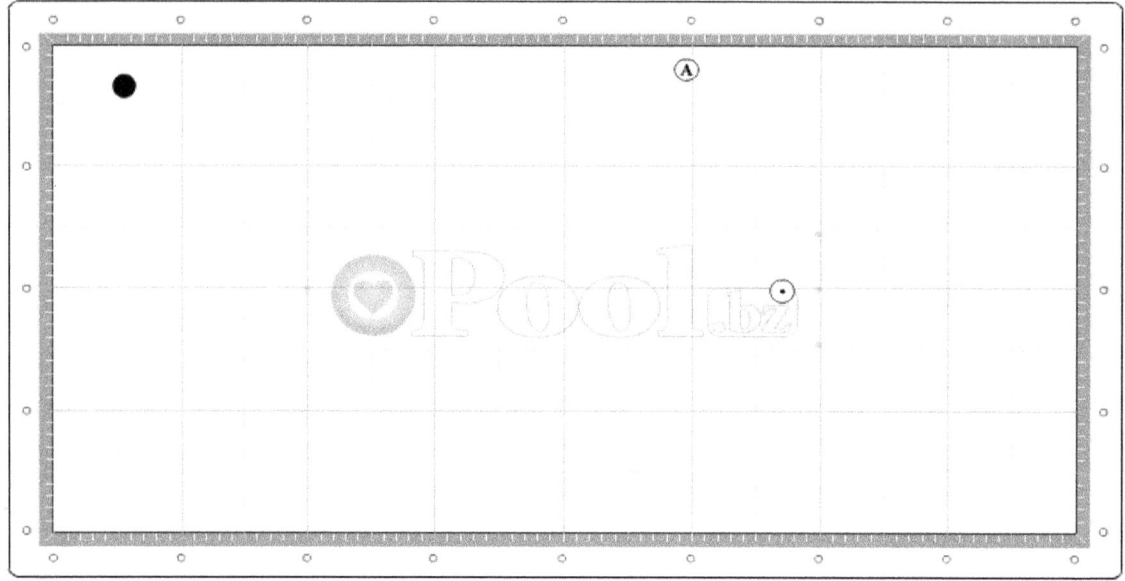

Huomautuksia ja ideoita:

Pallokuviota

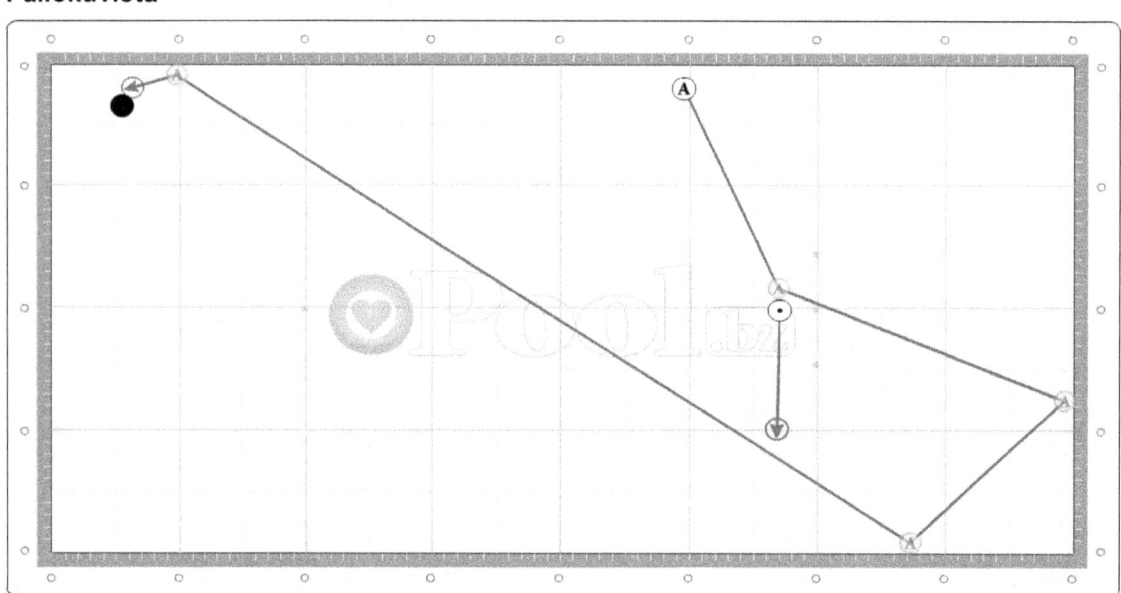

A:5d – Piirustus

Huomautuksia ja ideoita:

Pallokuviota

A: Ryhmä 6

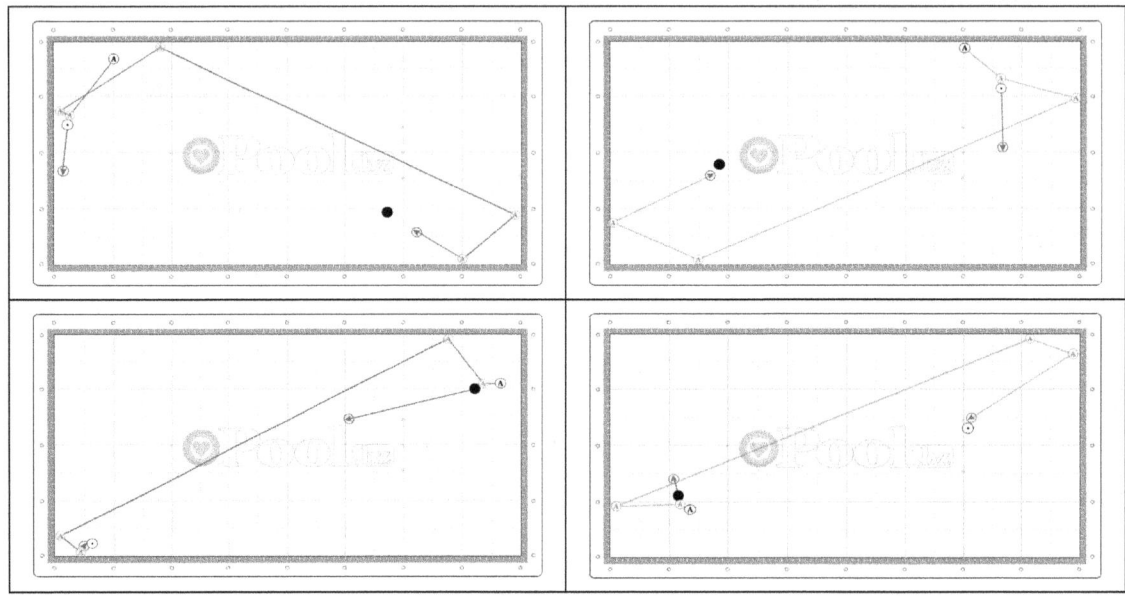

Analyysi:

A:6a. _____

A:6b. _____

A:6c. _____

A:6d. _____

A:6a – Piirustus

Huomautuksia ja ideoita:

Pallokuviota

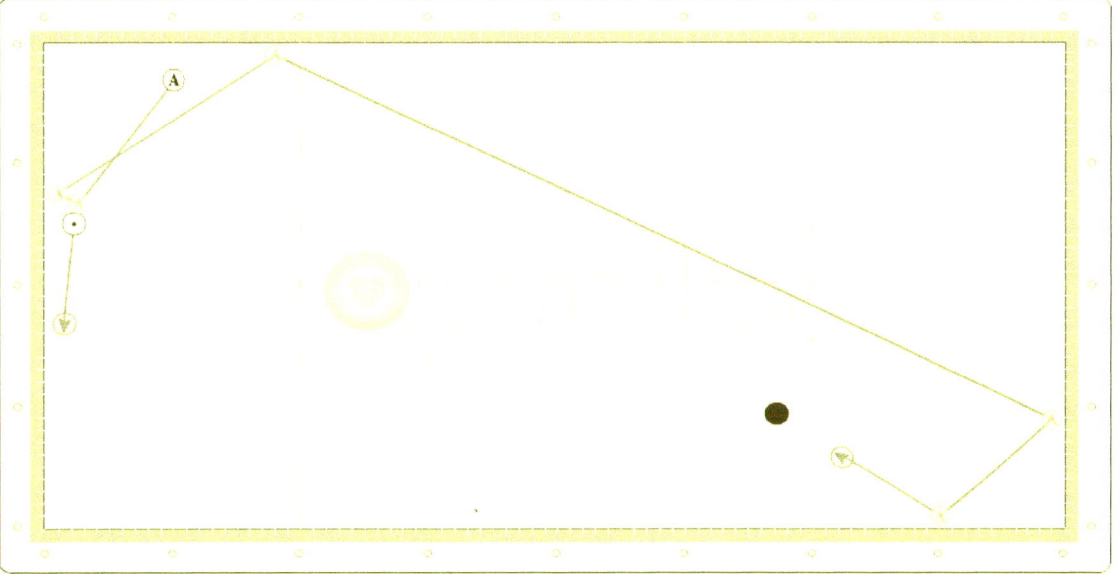

A:6b – Piirustus

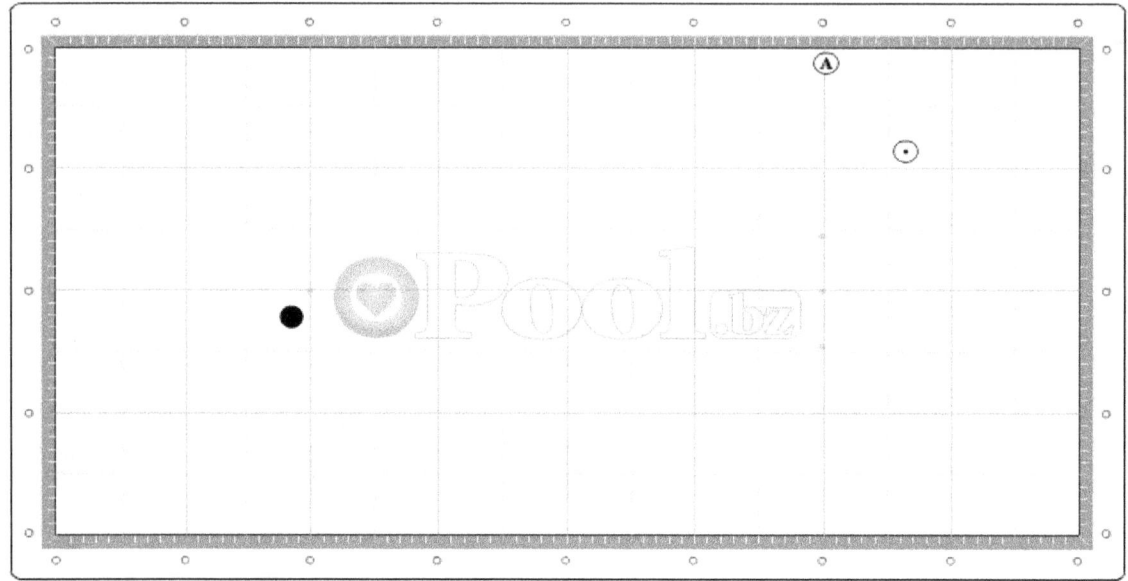

Huomautuksia ja ideoita:

Pallokuviota

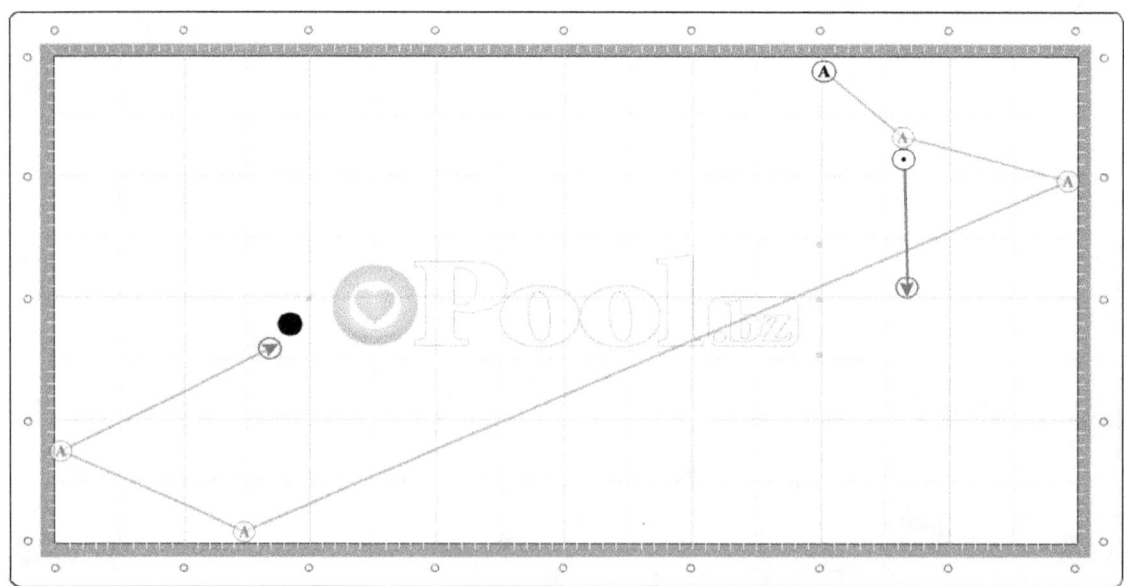

A:6c – Piirustus

Huomautuksia ja ideoita:

Pallokuviota

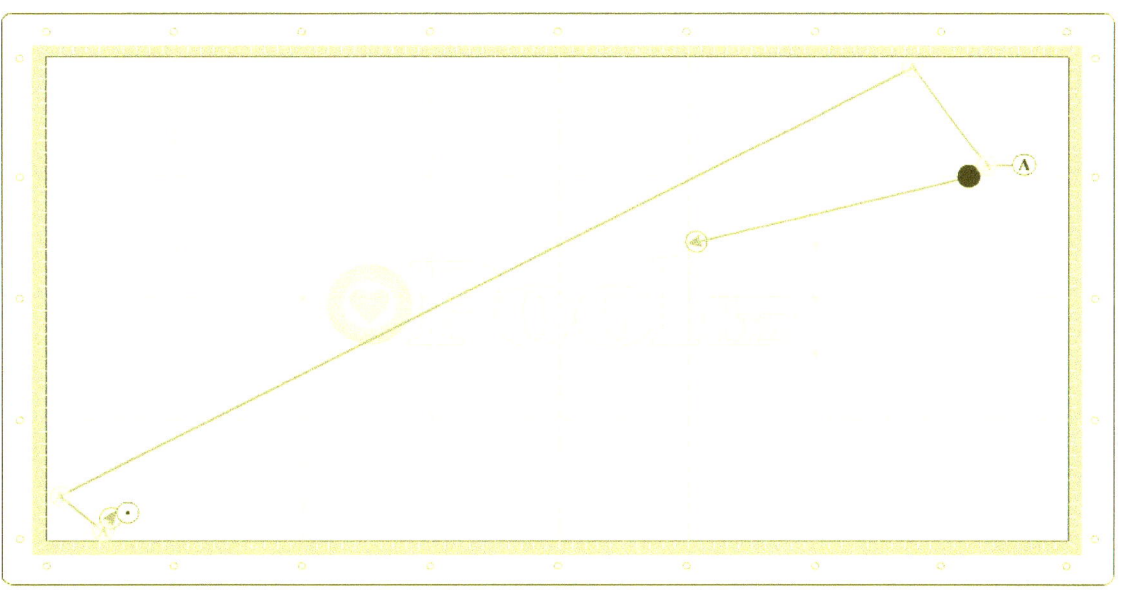

A:6d – Piirustus

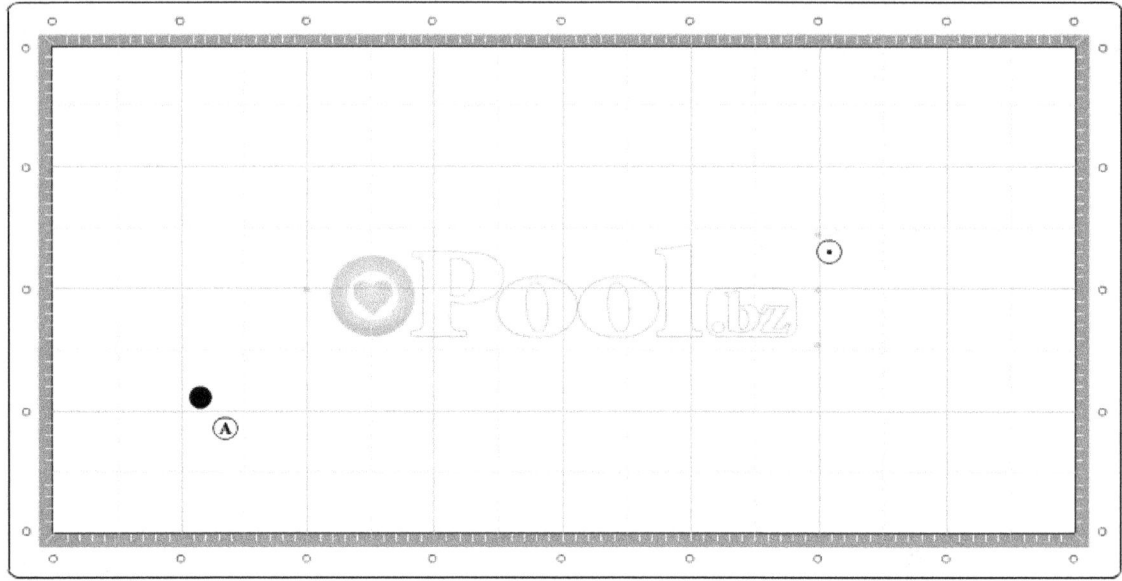

Huomautuksia ja ideoita:

Pallokuviota

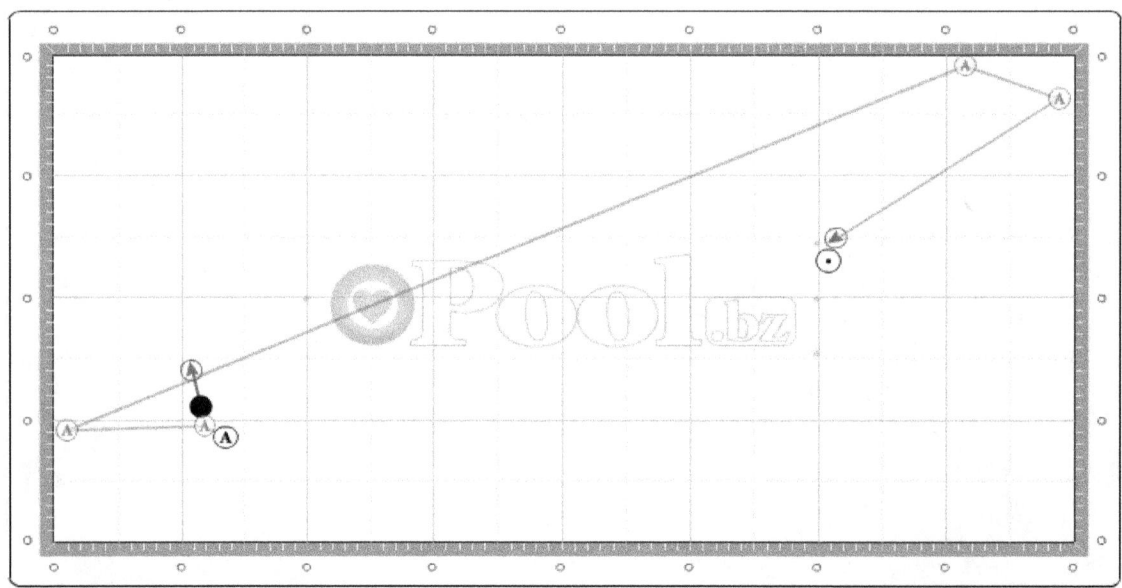

B: Yksinkertainen lävistäjä, muunnettu

Nämä nurkkaan kulmakuvioihin on hieman muunnettu perustason poikkikulmakuvioista. Ratkaisu vaatii palautuskoukun pisteet.

(A) (CB) (sinun biljardipallo) – (·) (OB) (vastustaja biljardipallo) – ● (OB) (punainen biljardipallo)

B: Ryhmä 1

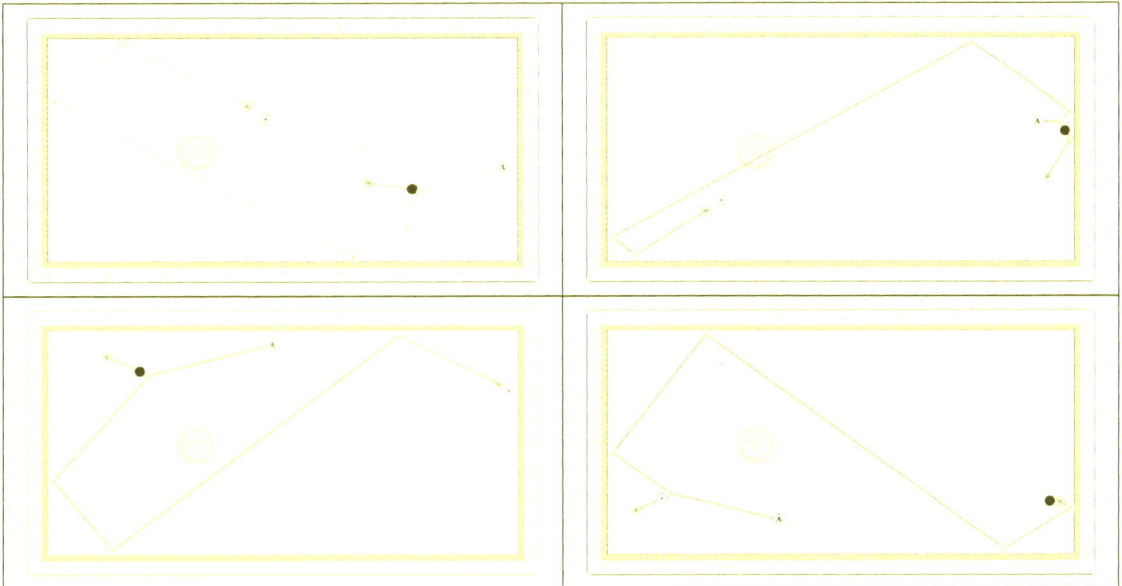

Analyysi:

B:1a. _____

B:1b. _____

B:1c. _____

B:1d. _____

3-vallin kara: Diagonaalinen kulma kulmakuvioihin

B:1a – Piirustus

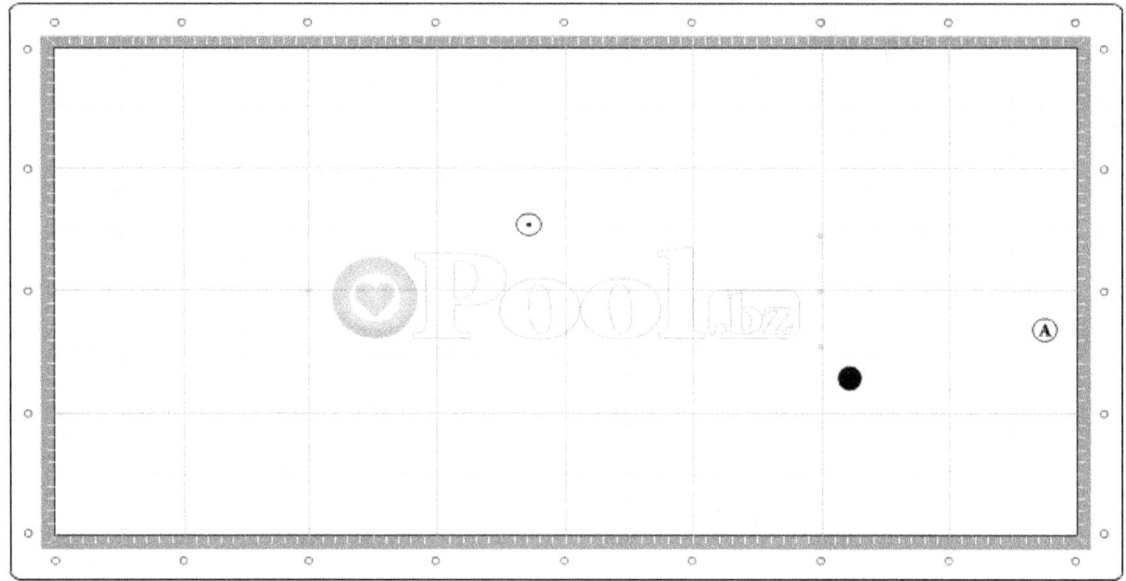

Huomautuksia ja ideoita:

Pallokuviota

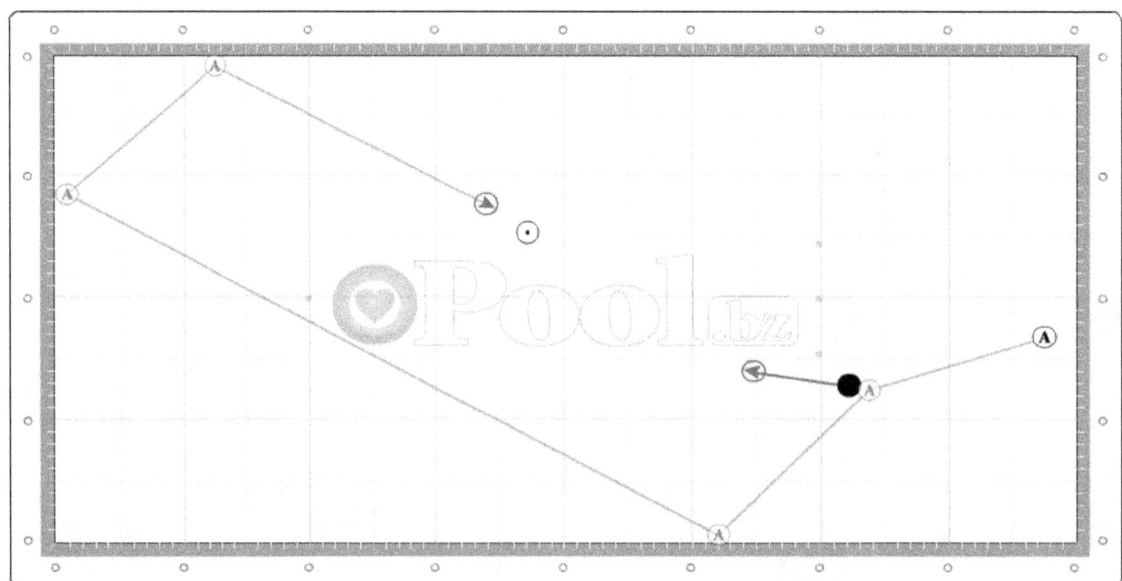

3-vallin kara: Diagonaalinen kulma kulmakuvioihin

B:1b – Piirustus

Huomautuksia ja ideoita:

Pallokuviota

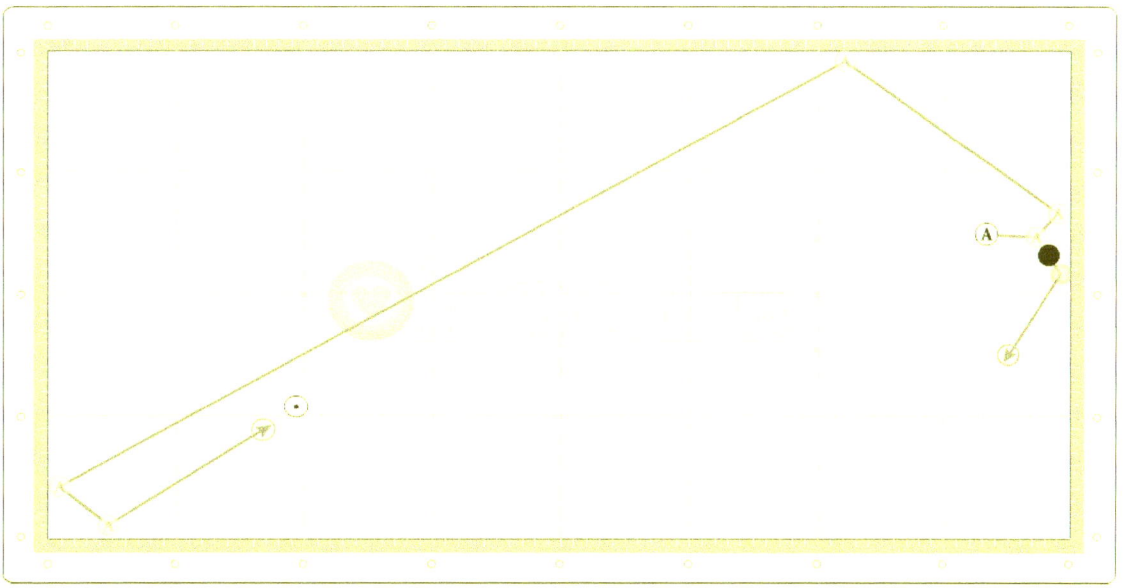

3-vallin kara: Diagonaalinen kulma kulmakuvioihin

B:1c – Piirustus

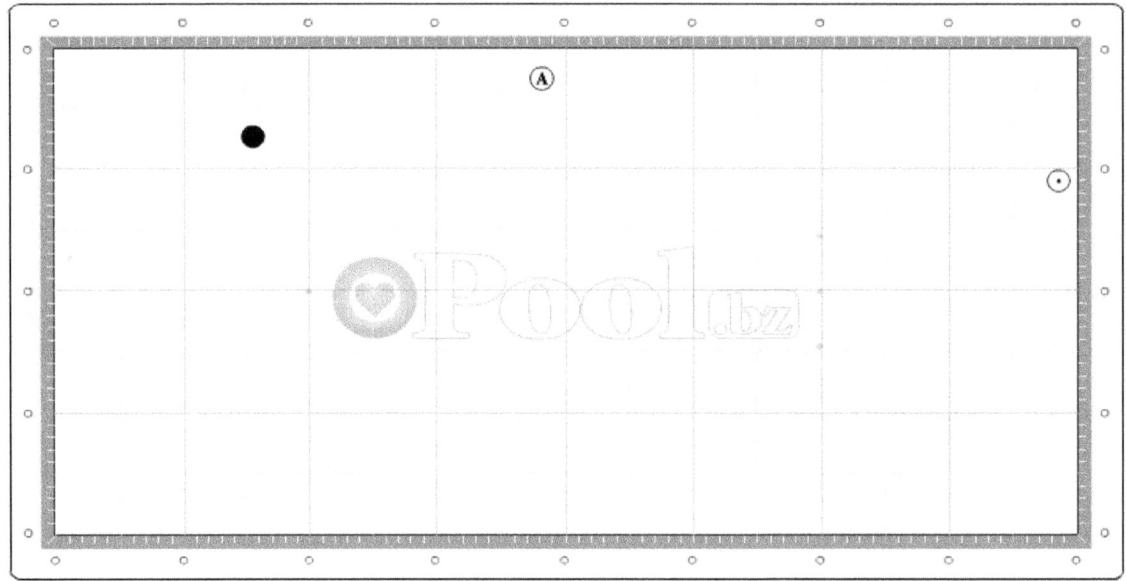

Huomautuksia ja ideoita:

Pallokuviota

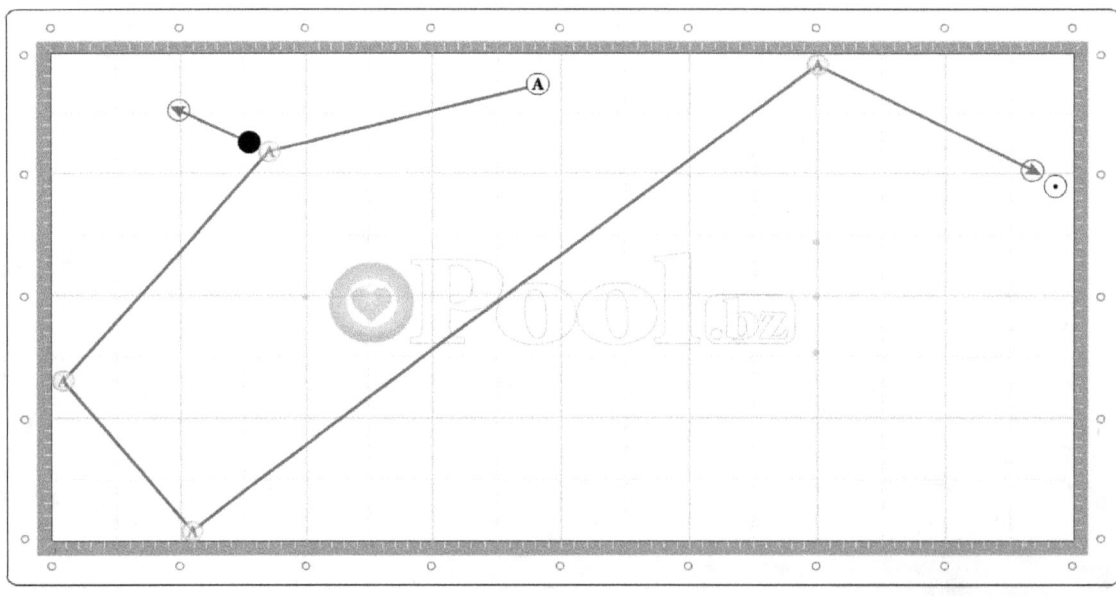

B:1d – Piirustus

Huomautuksia ja ideoita:

Pallokuviota

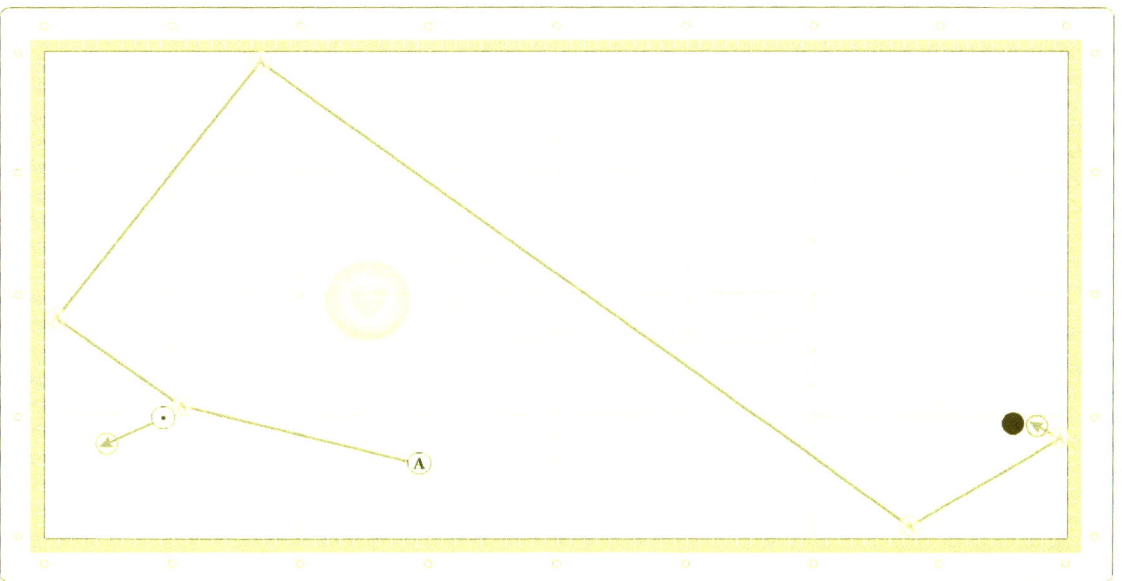

B: Ryhmä 2

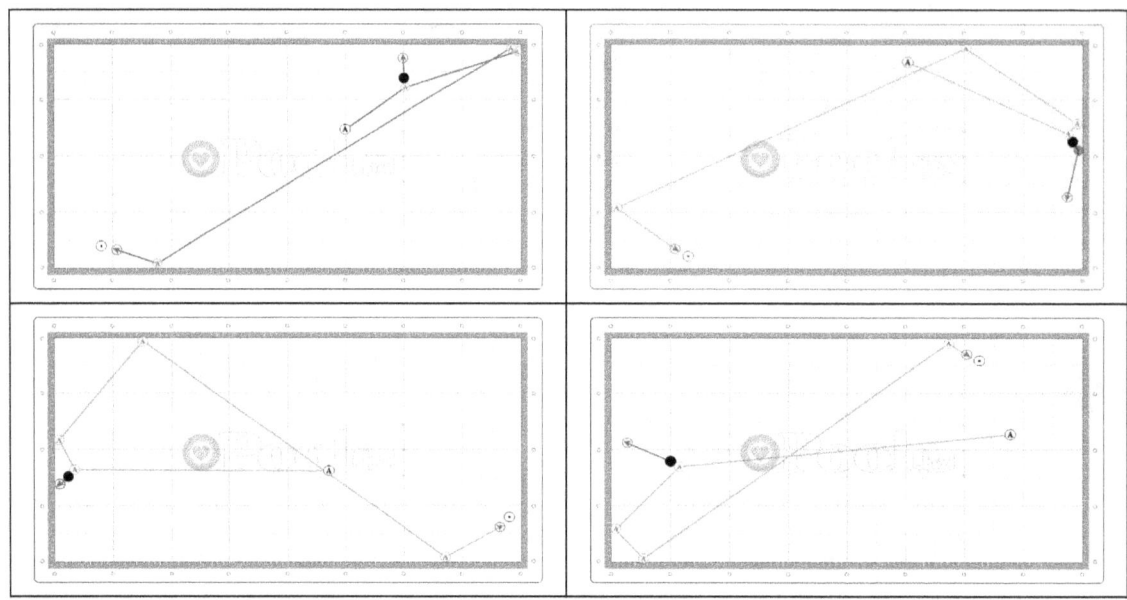

Analyysi:

B:2a. _____

B:2b. _____

B:2c. _____

B:2d. _____

B:2a – Piirustus

Huomautuksia ja ideoita:

Pallokuviota

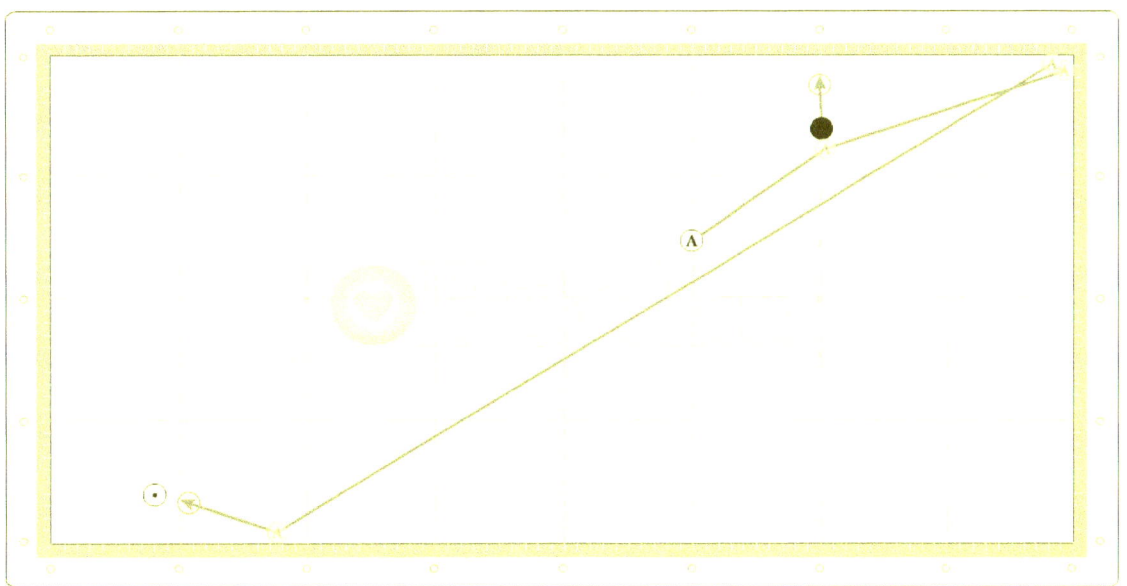

B:2b – Piirustus

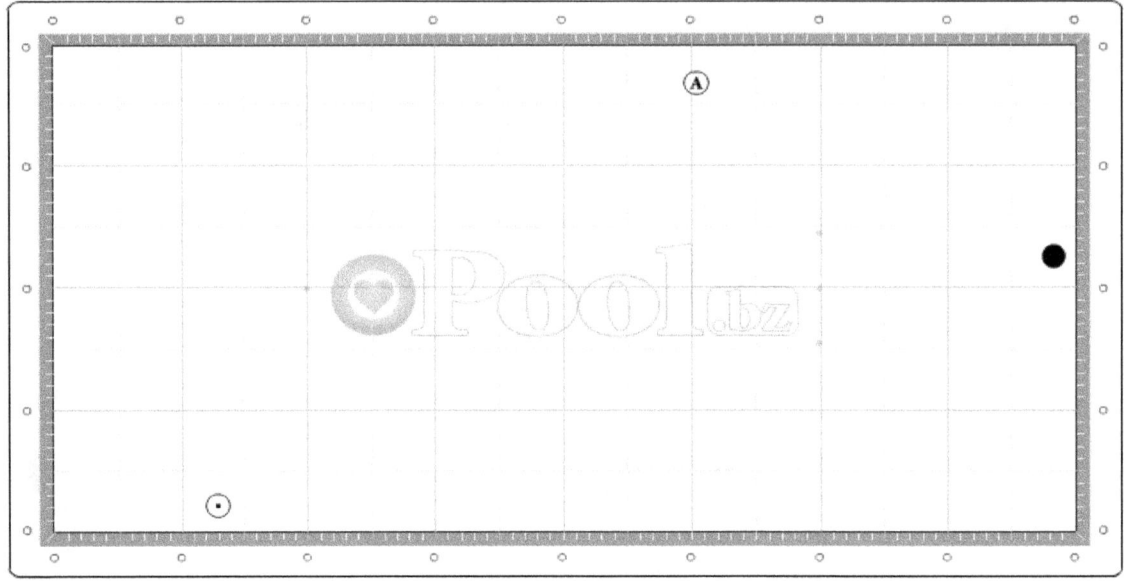

Huomautuksia ja ideoita:

Pallokuviota

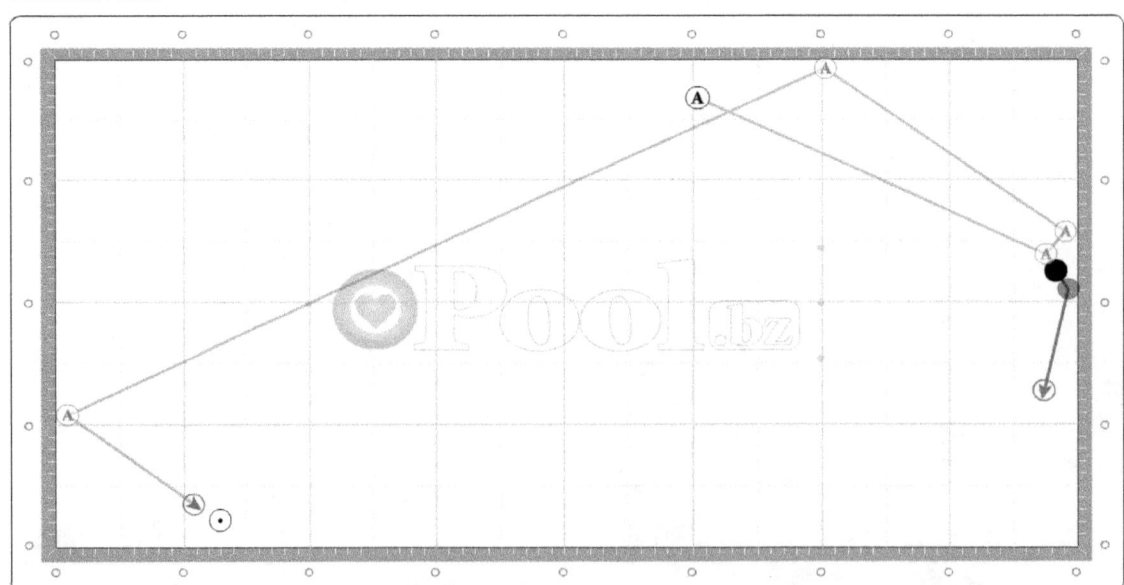

3-vallin kara: Diagonaalinen kulma kulmakuvioihin

B:2c – Piirustus

Huomautuksia ja ideoita:

Pallokuviota

B:2d – Piirustus

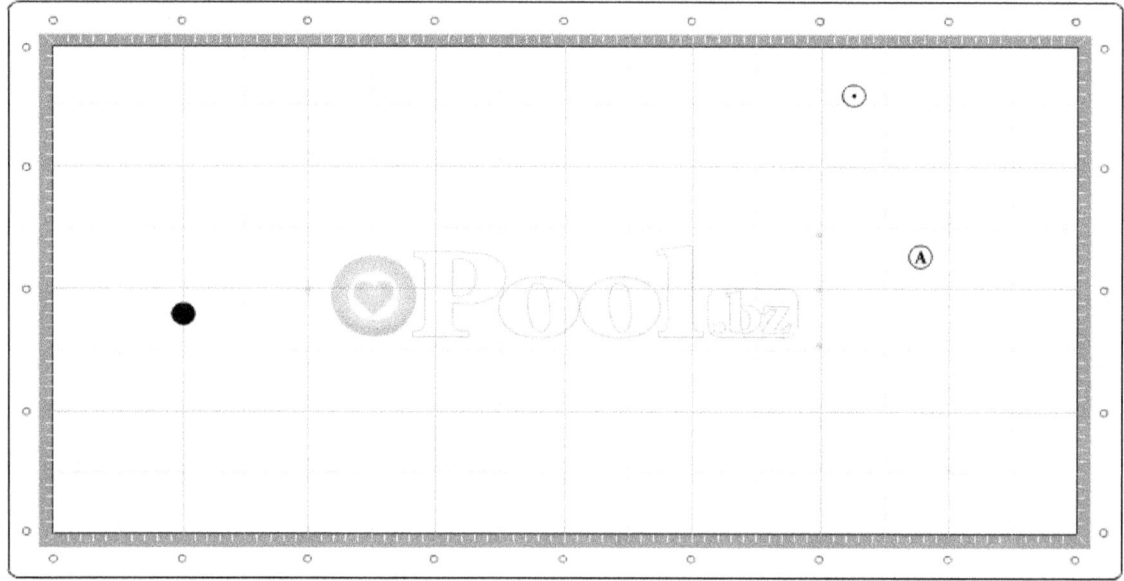

Huomautuksia ja ideoita:

Pallokuviota

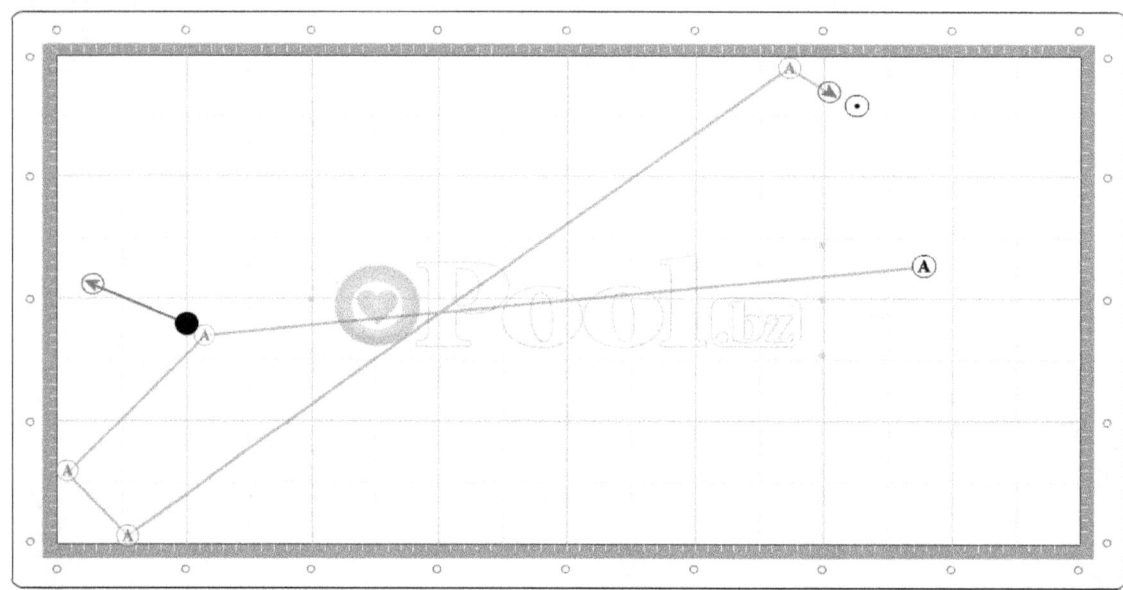

B: Ryhmä 3

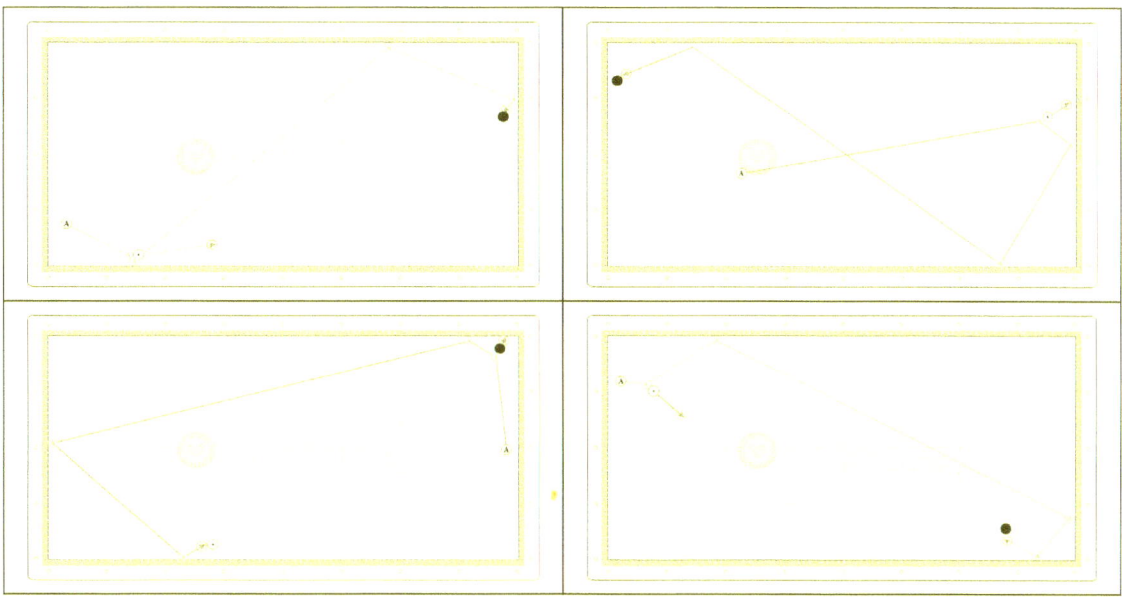

Analyysi:

B:3a. _____

B:3b. _____

B:3c. _____

B:3d. _____

B:3a – Piirustus

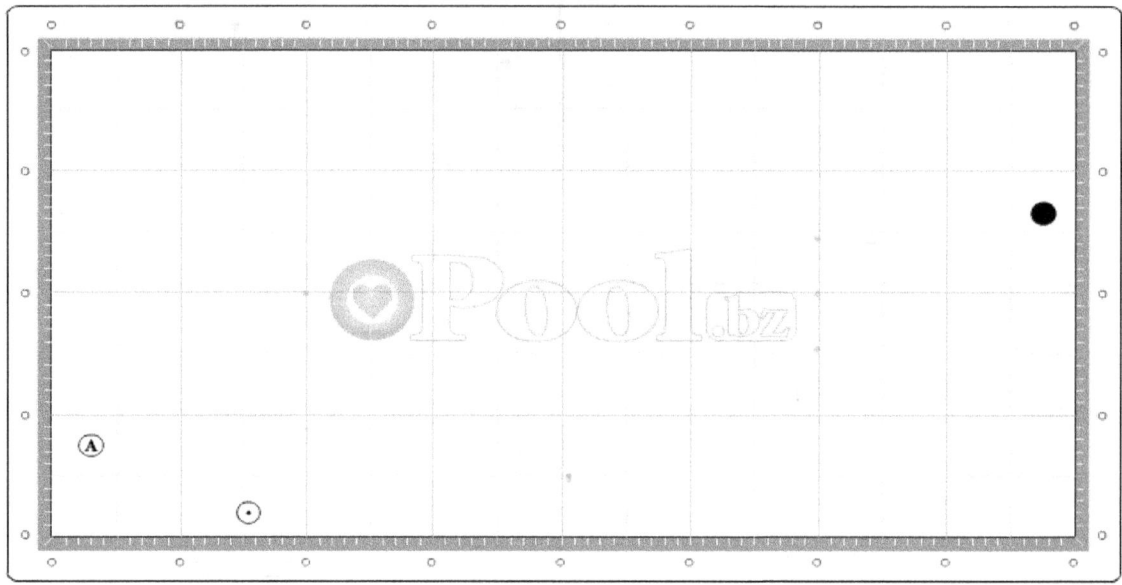

Huomautuksia ja ideoita:

Pallokuviota

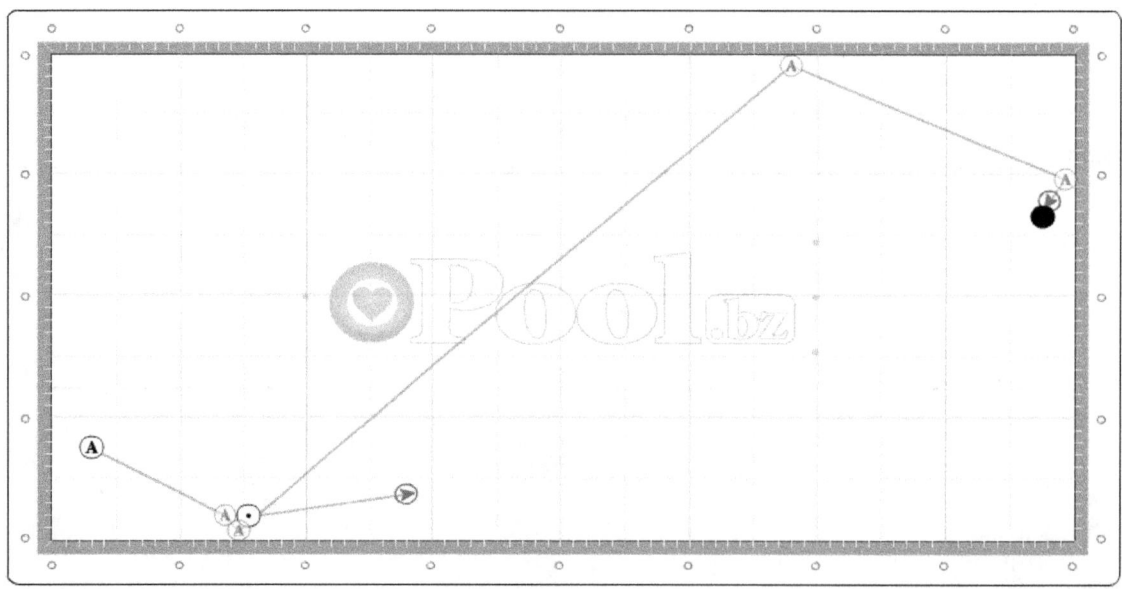

B:3b – Piirustus

Huomautuksia ja ideoita:

Pallokuviota

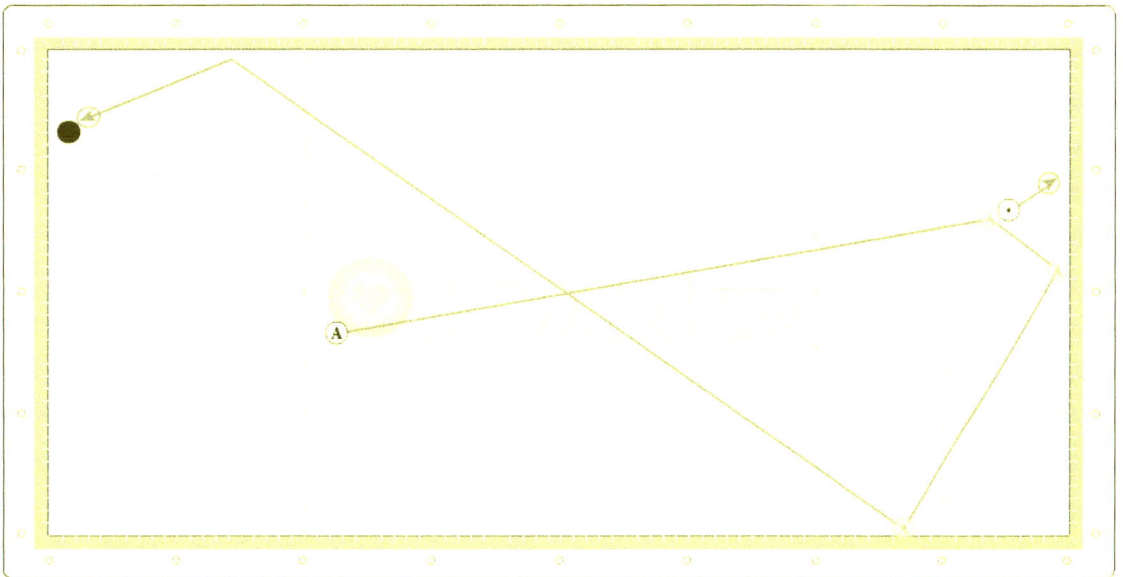

B:3c – Piirustus

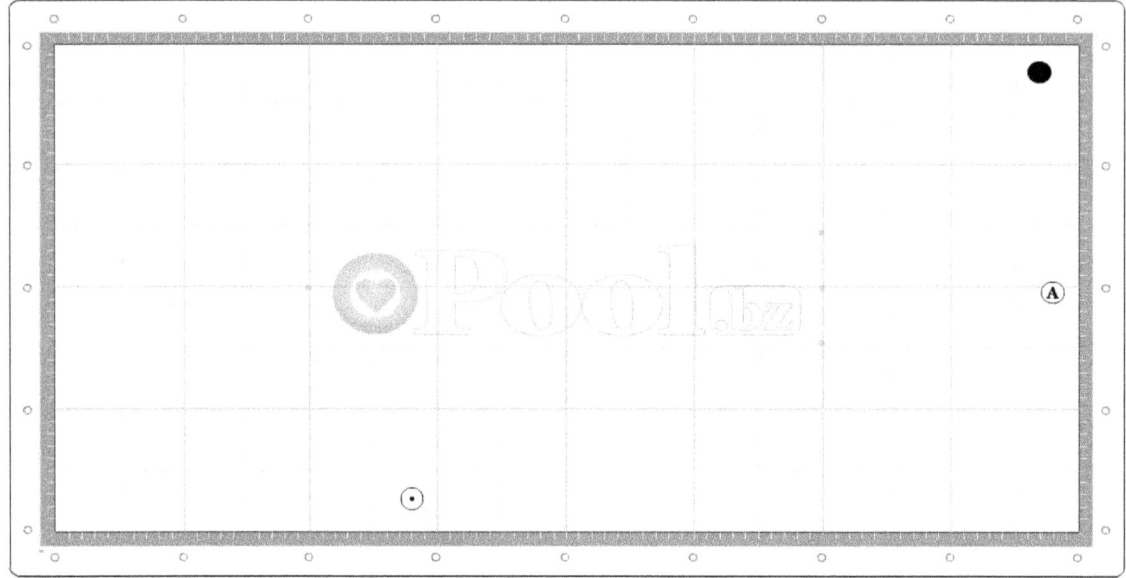

Huomautuksia ja ideoita:

Pallokuviota

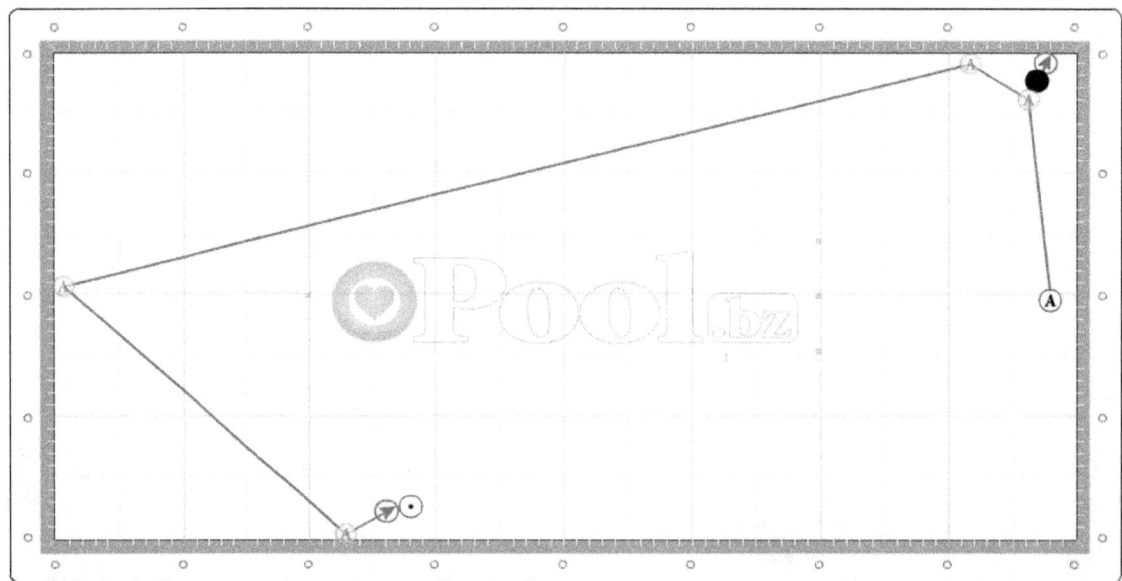

B:3d – Piirustus

Huomautuksia ja ideoita:

Pallokuviota

C: Rinnakkainen lävistäjä

(CB) poistuu ensimmäisestä (OB) ja kulkee vastakkaiseen poikkikulmaan ja palaa sitten rinnakkaiseen polkuun, jotta se koskettaisi toista (OB) ja pistettä.

Ⓐ (CB) (sinun biljardipallo) – ◎ (OB) (vastustaja biljardipallo) – ● (OB) (punainen biljardipallo)

C: Ryhmä 1

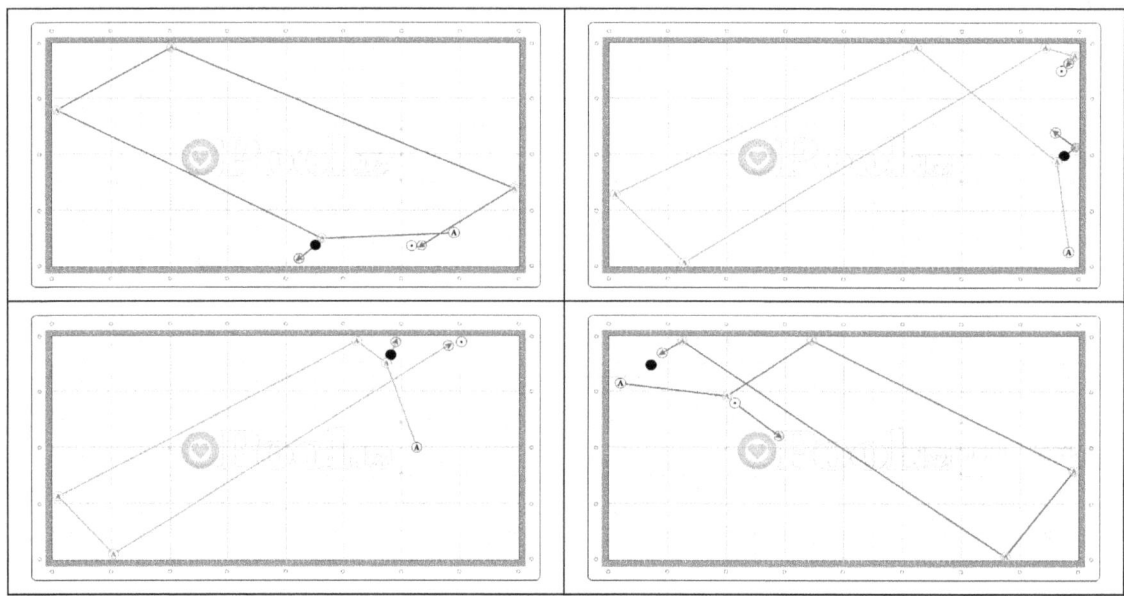

Analyysi:

C:1a. _____

C:1b. _____

C:1c. _____

C:1d. _____

3-vallin kara: Diagonaalinen kulma kulmakuvioihin

C:1a – Piirustus

Huomautuksia ja ideoita:

Pallokuviota

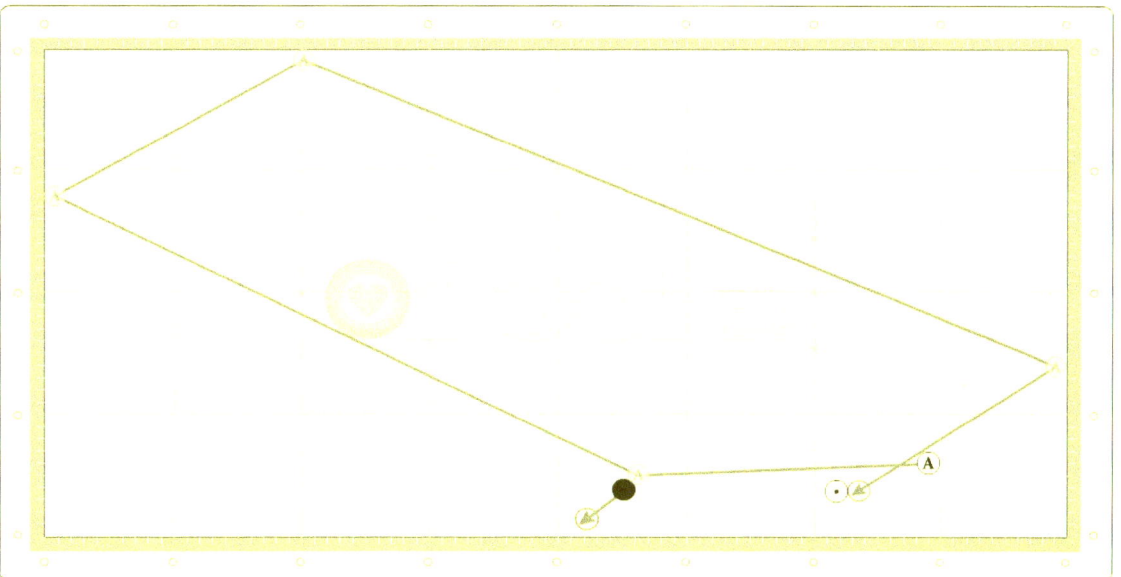

C:1b – Piirustus

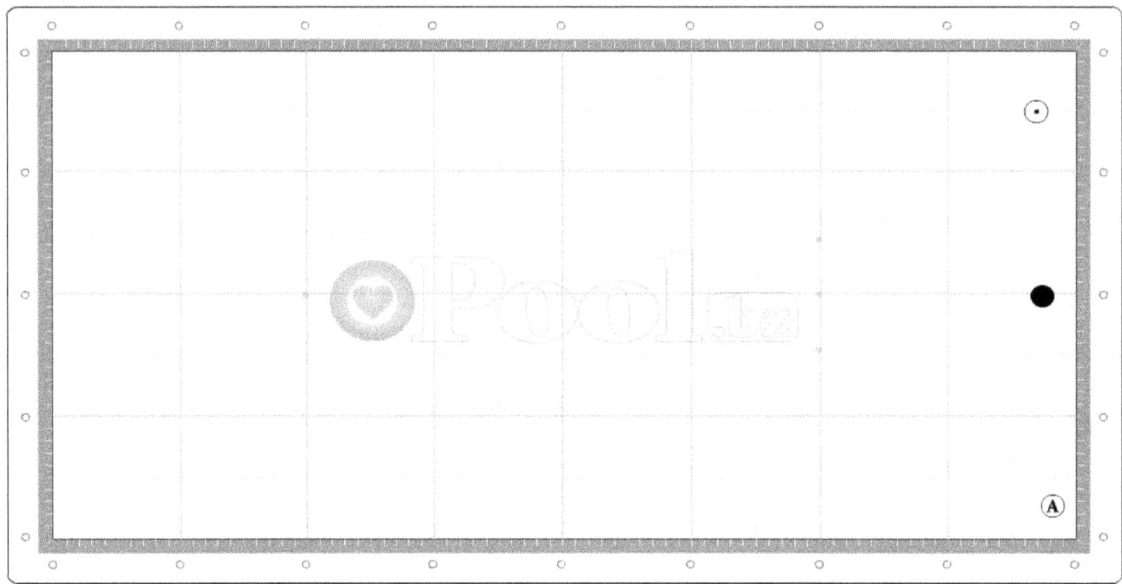

Huomautuksia ja ideoita:

Pallokuviota

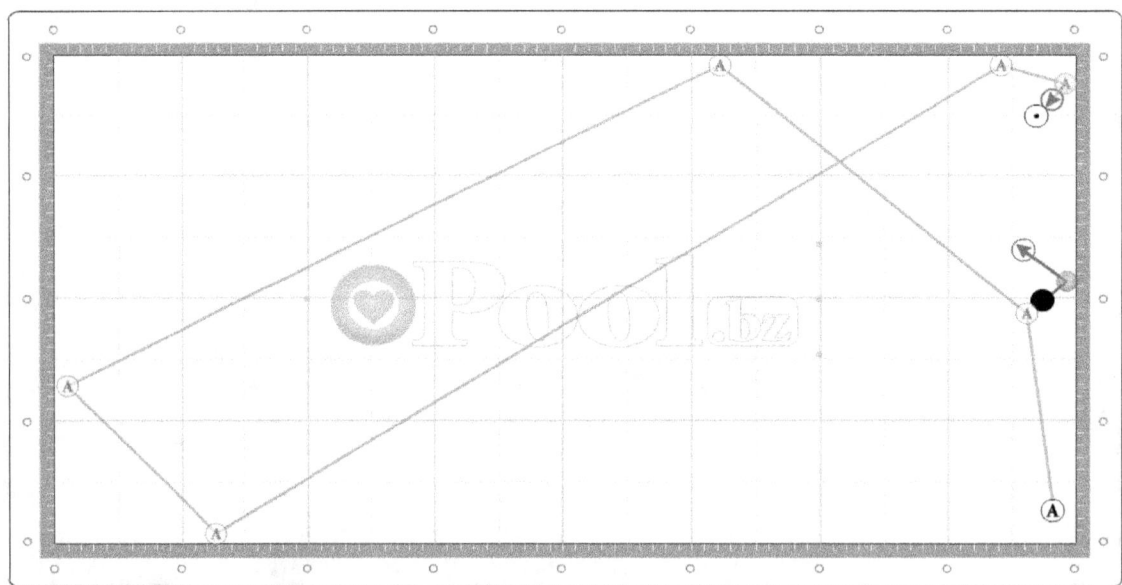

3-vallin kara: Diagonaalinen kulma kulmakuvioihin

C:1c – Piirustus

Huomautuksia ja ideoita:

Pallokuviota

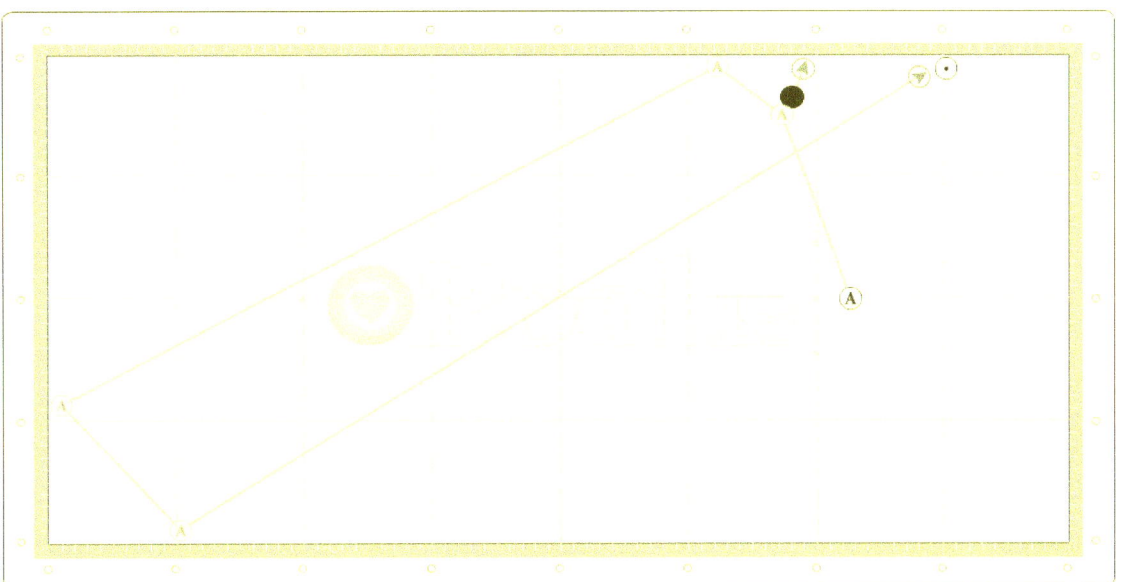

C:1d – Piirustus

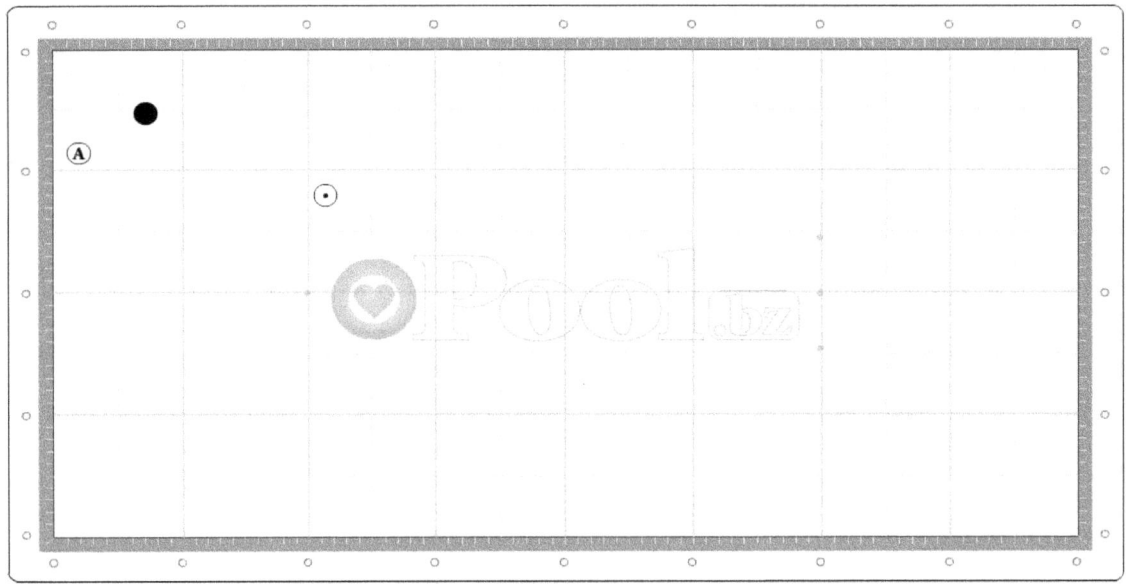

Huomautuksia ja ideoita:

Pallokuviota

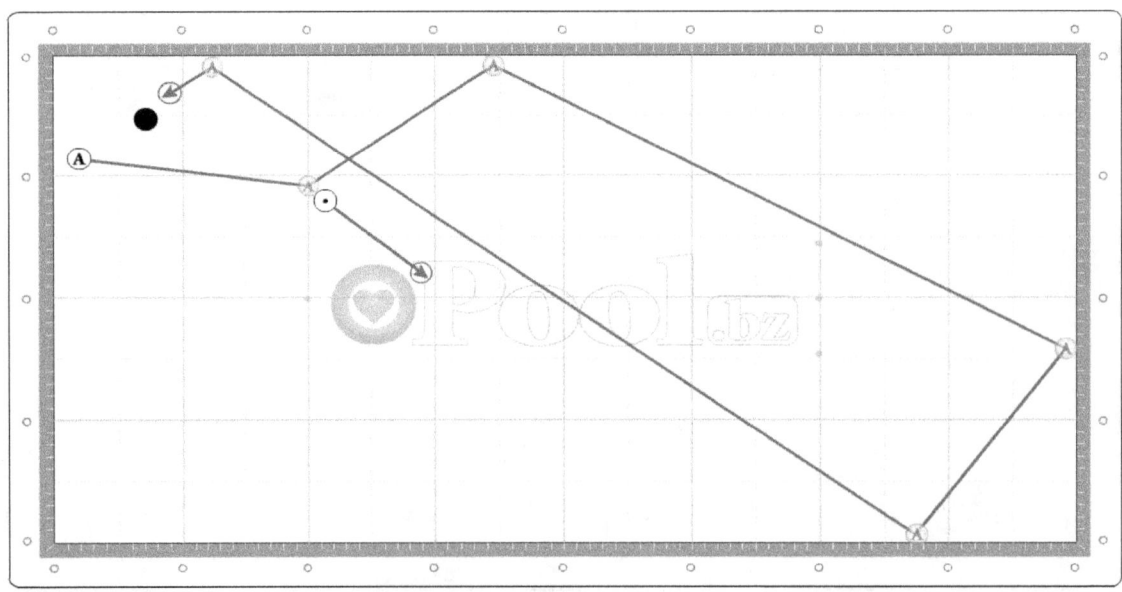

C: Ryhmä 2

Analyysi:

C:2a. _____

C:2b. _____

C:2c. _____

C:2d. _____

C:2a – Piirustus

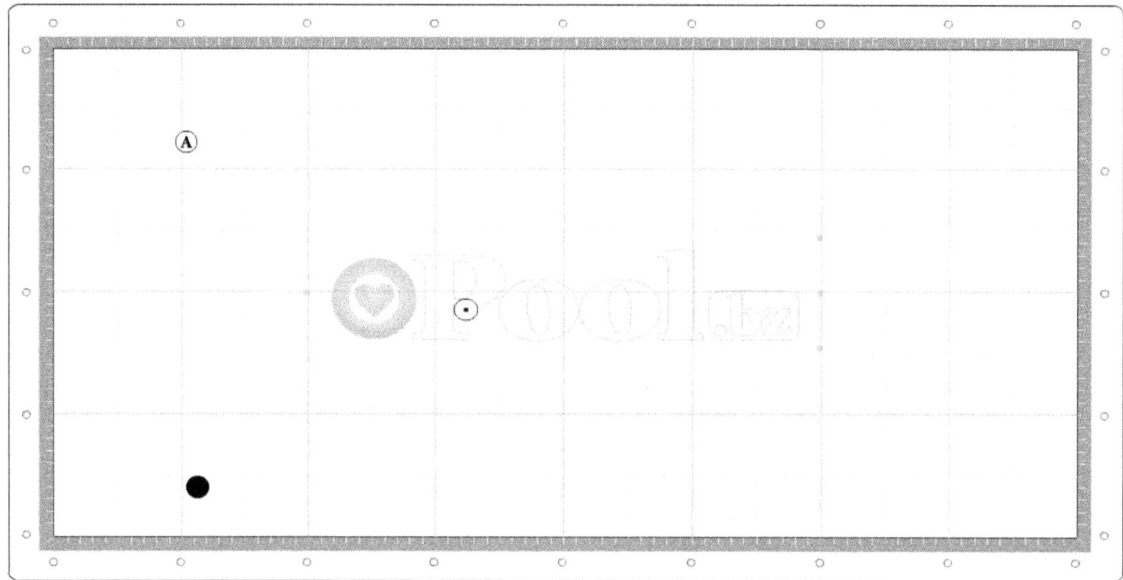

Huomautuksia ja ideoita:

Pallokuviota

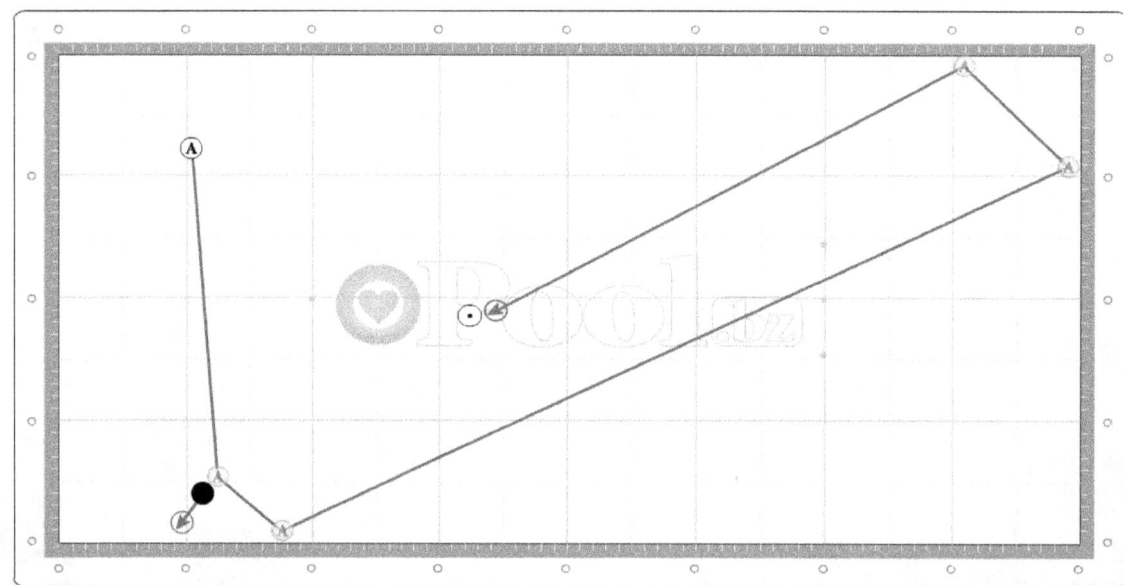

C:2b – Piirustus

Huomautuksia ja ideoita:

Pallokuviota

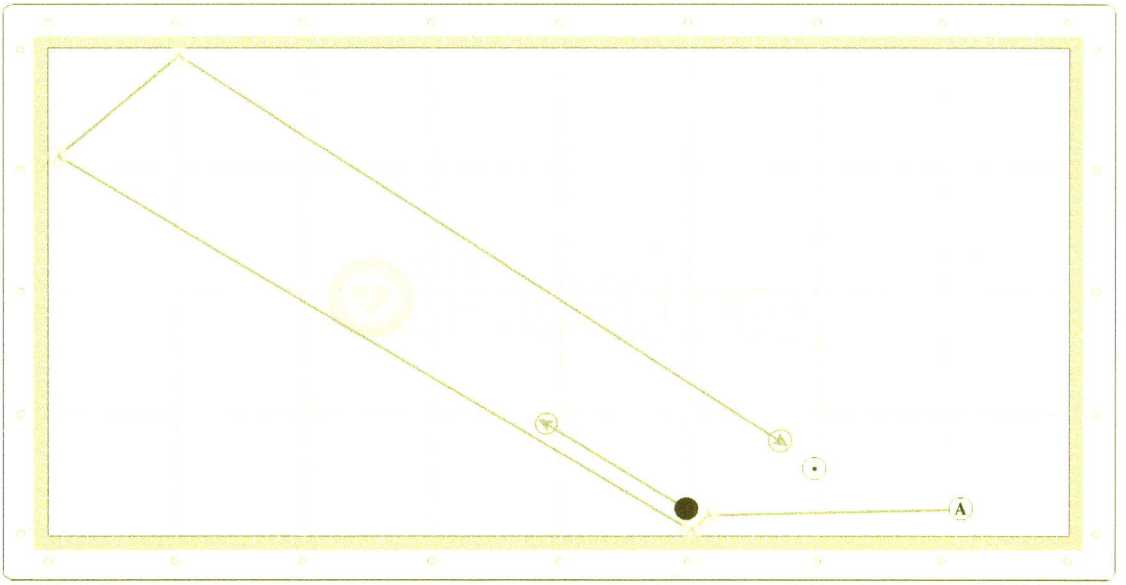

C:2c – Piirustus

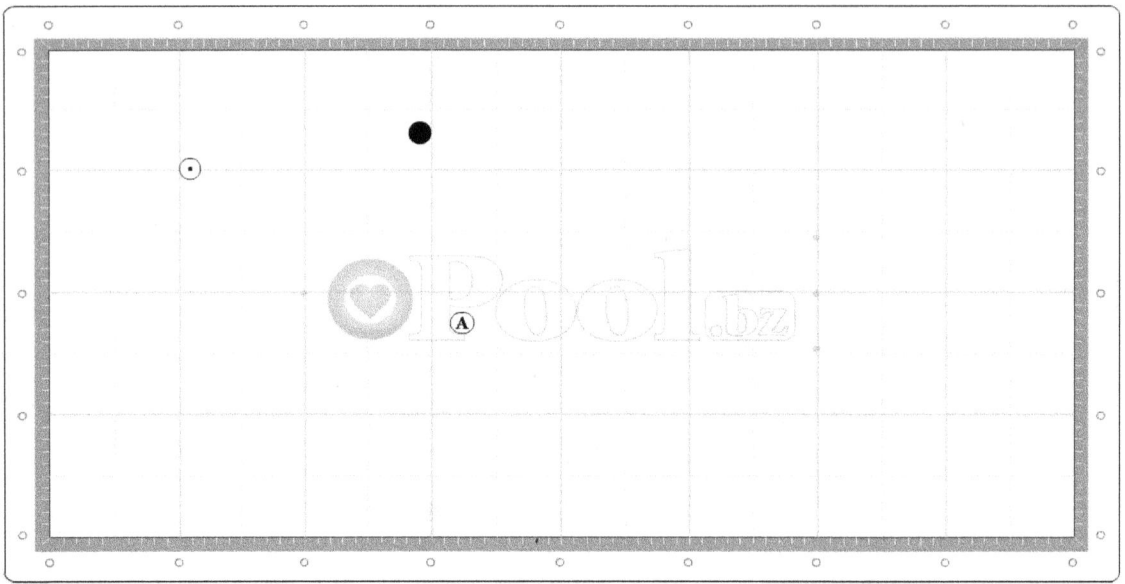

Huomautuksia ja ideoita:

Pallokuviota

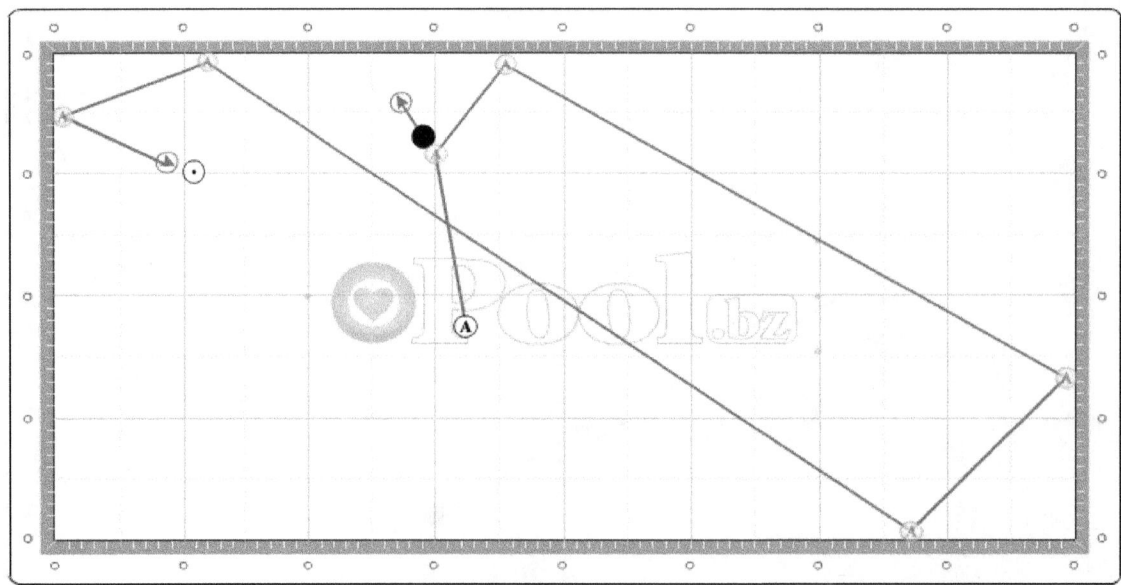

C:2d – Piirustus

Huomautuksia ja ideoita:

Pallokuviota

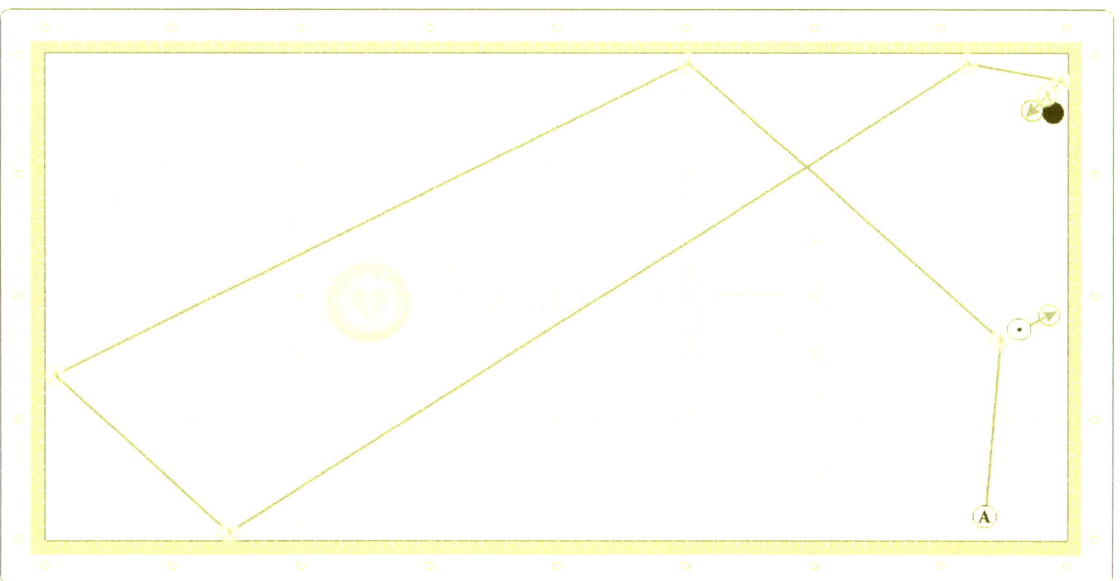

C: Ryhmä 3

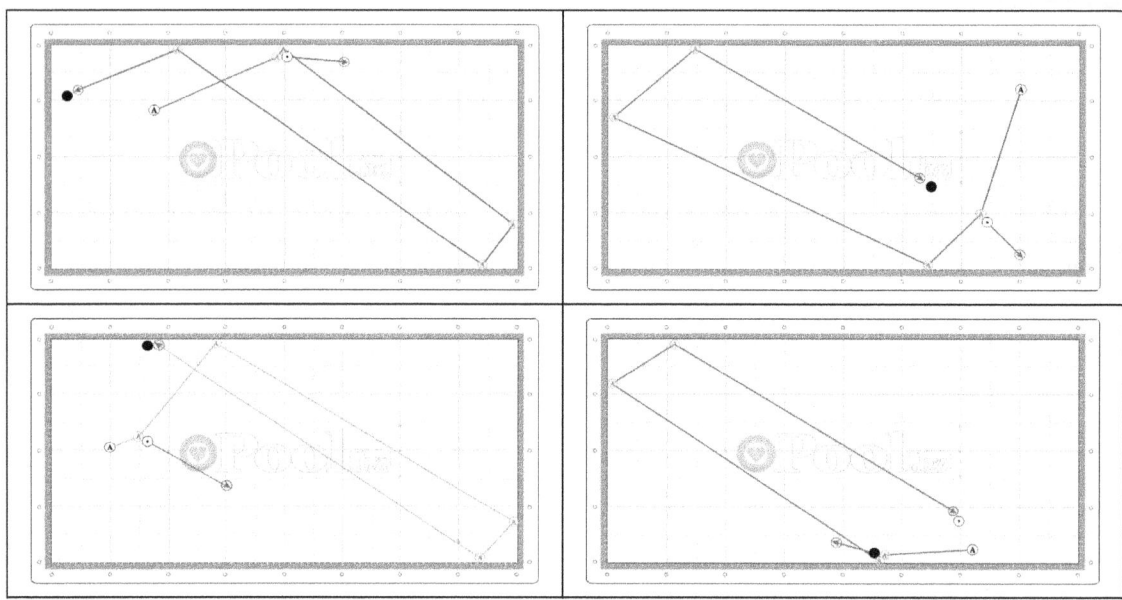

Analyysi:

C:3a. _____

C:3b. _____

C:3c. _____

C:3d. _____

C:3a – Piirustus

Huomautuksia ja ideoita:

Pallokuviota

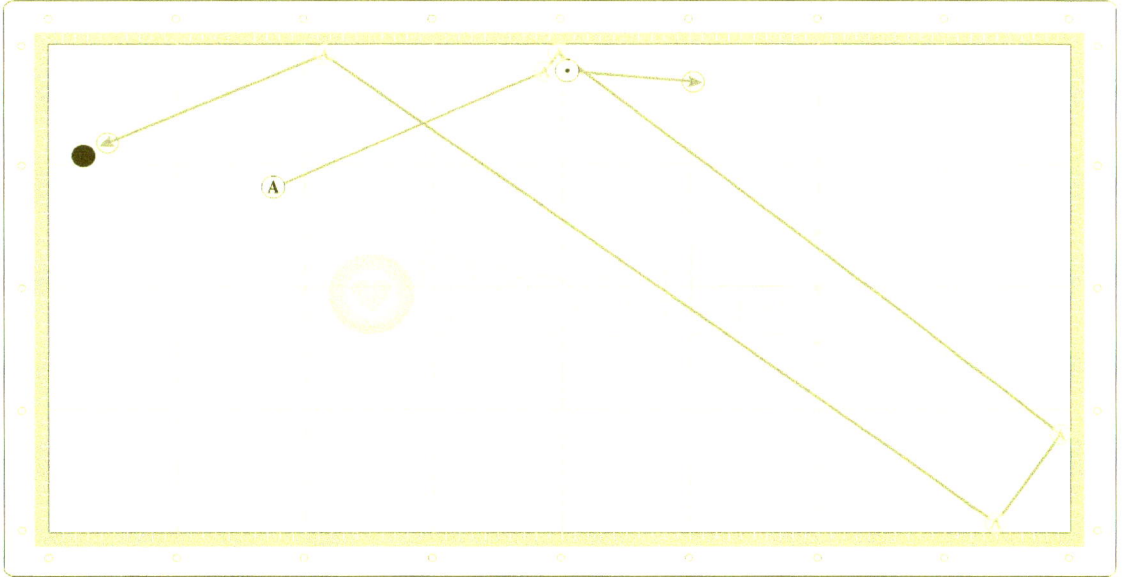

C:3b – Piirustus

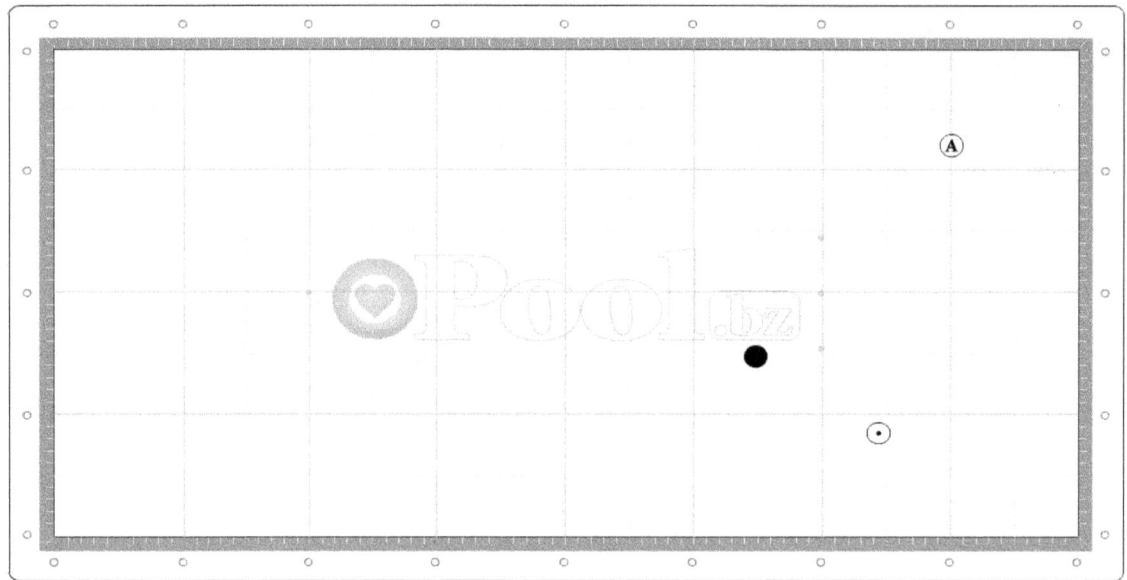

Huomautuksia ja ideoita:

Pallokuviota

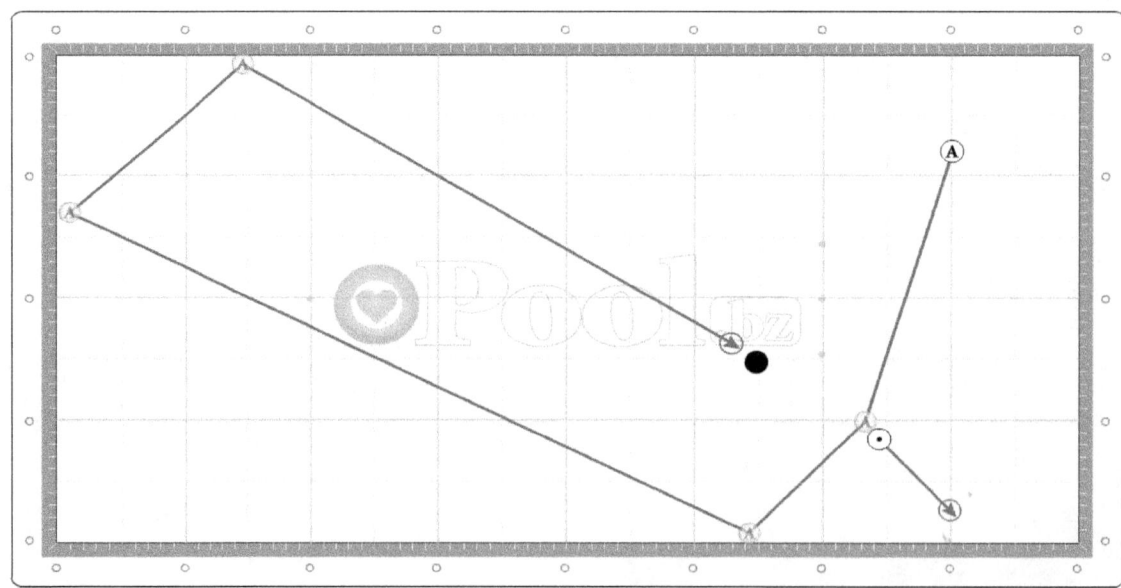

3-vallin kara: Diagonaalinen kulma kulmakuvioihin

C:3c – Piirustus

Huomautuksia ja ideoita:

Pallokuviota

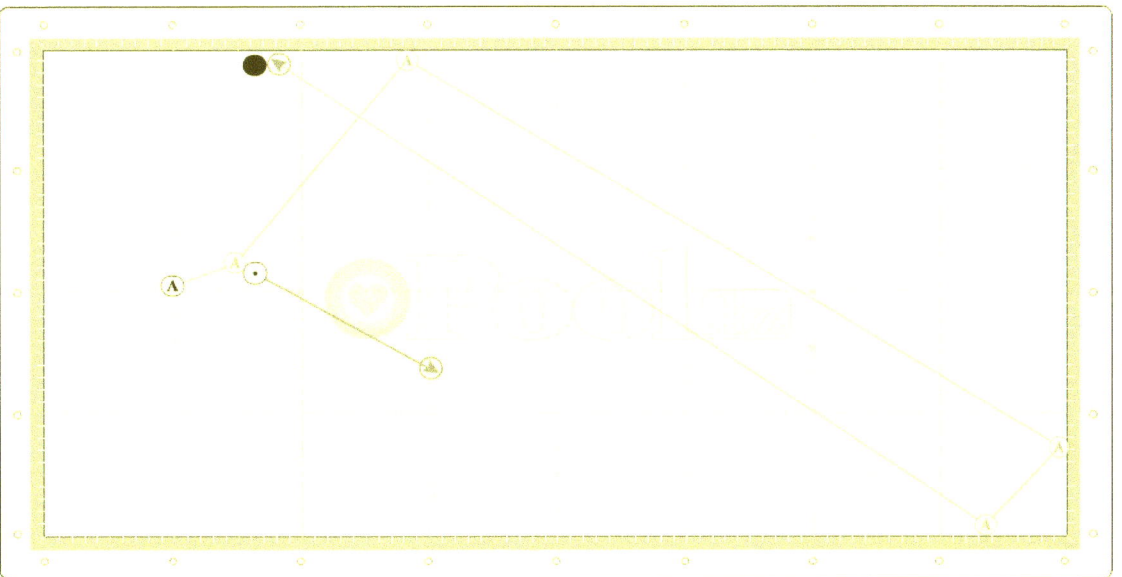

C:3d – Piirustus

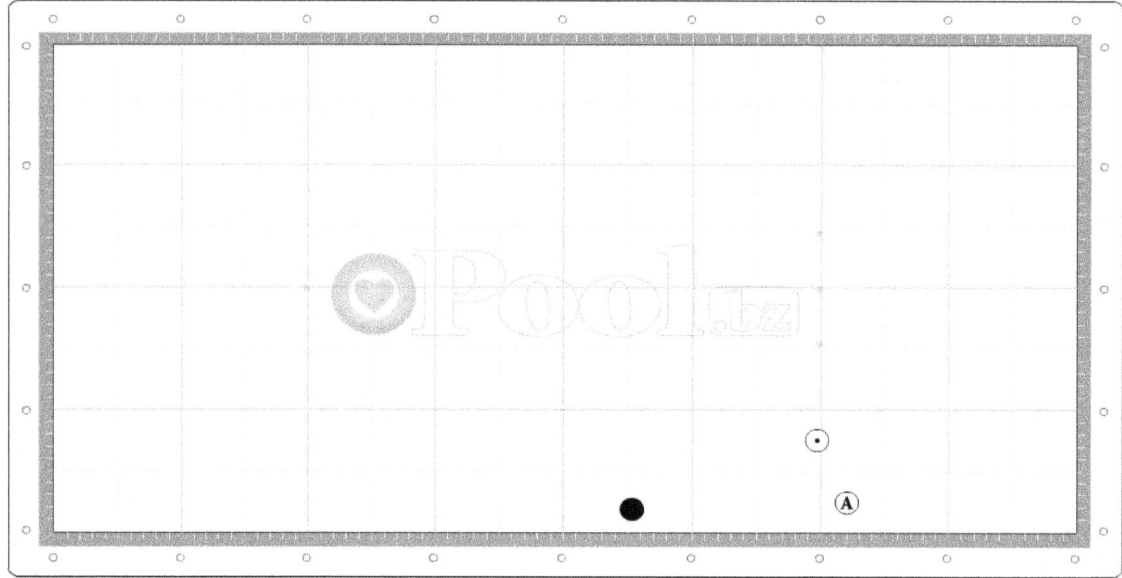

Huomautuksia ja ideoita:

Pallokuviota

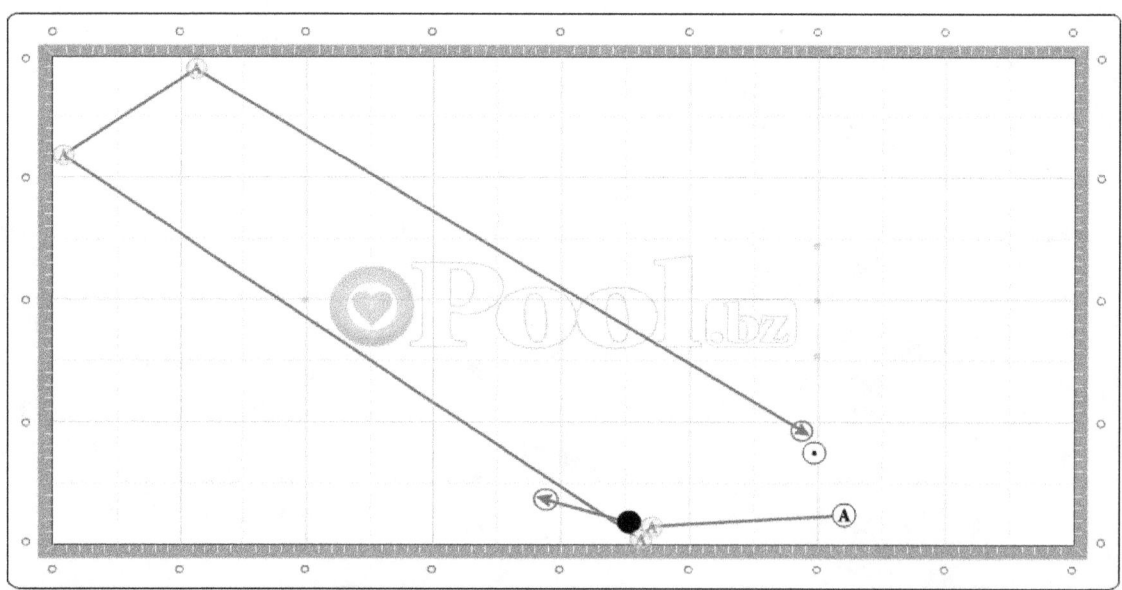

C: Ryhmä 4

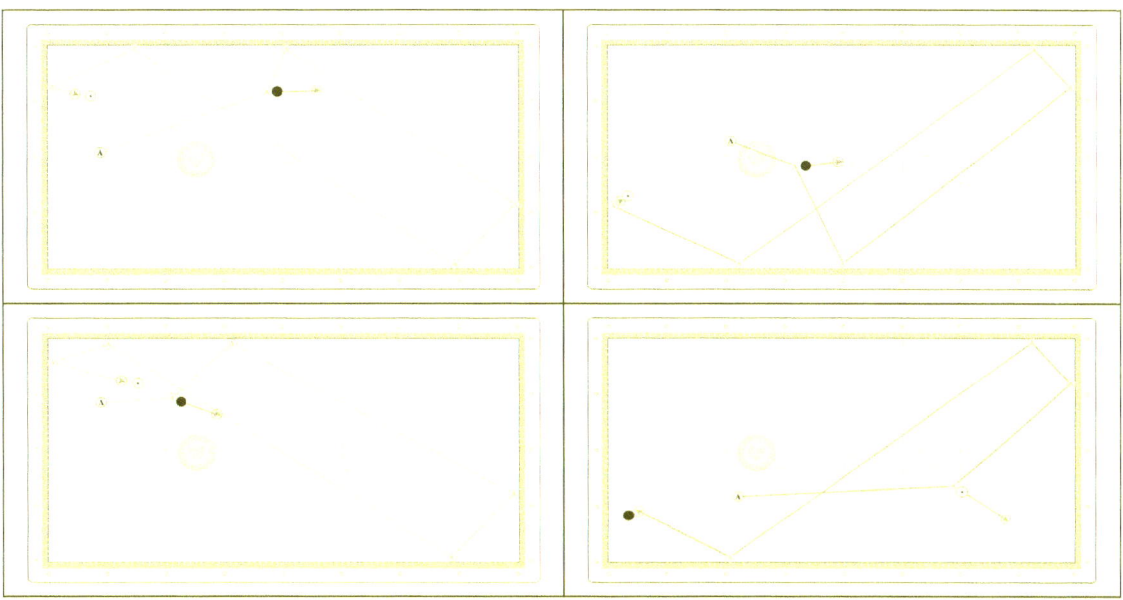

Analyysi:

C:4a. _____

C:4b. _____

C:4c. _____

C:4d. _____

C:4a – Piirustus

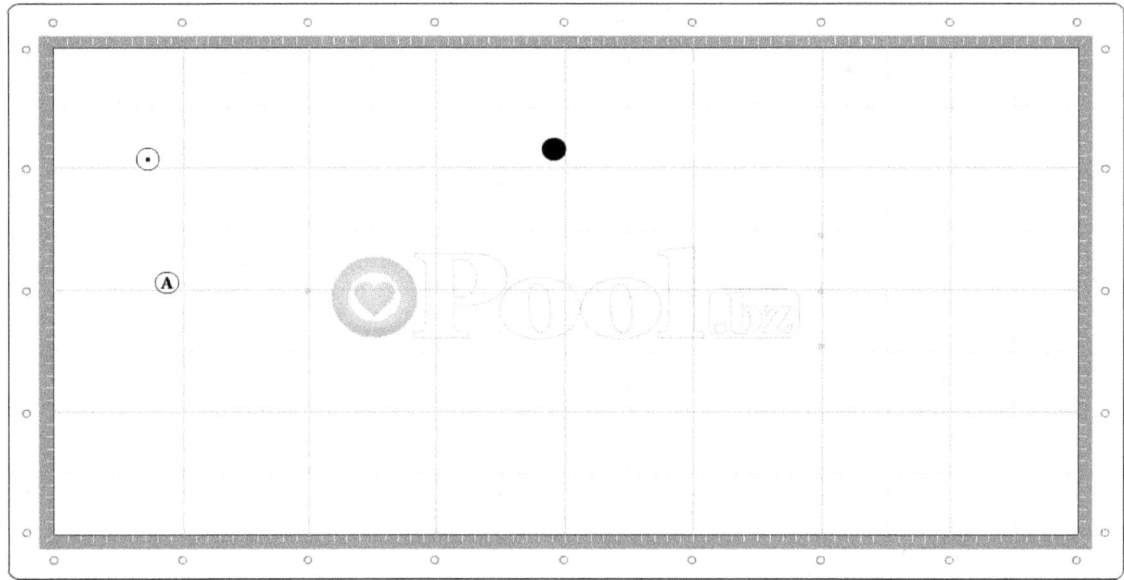

Huomautuksia ja ideoita:

Pallokuviota

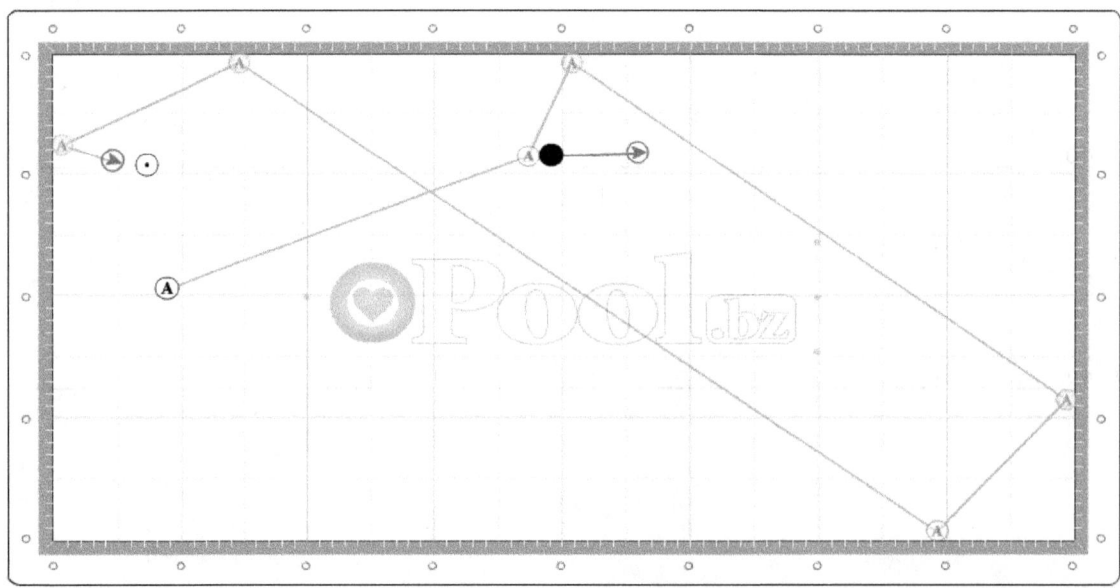

3-vallin kara: Diagonaalinen kulma kulmakuvioihin

C:4b – Piirustus

Huomautuksia ja ideoita:

Pallokuviota

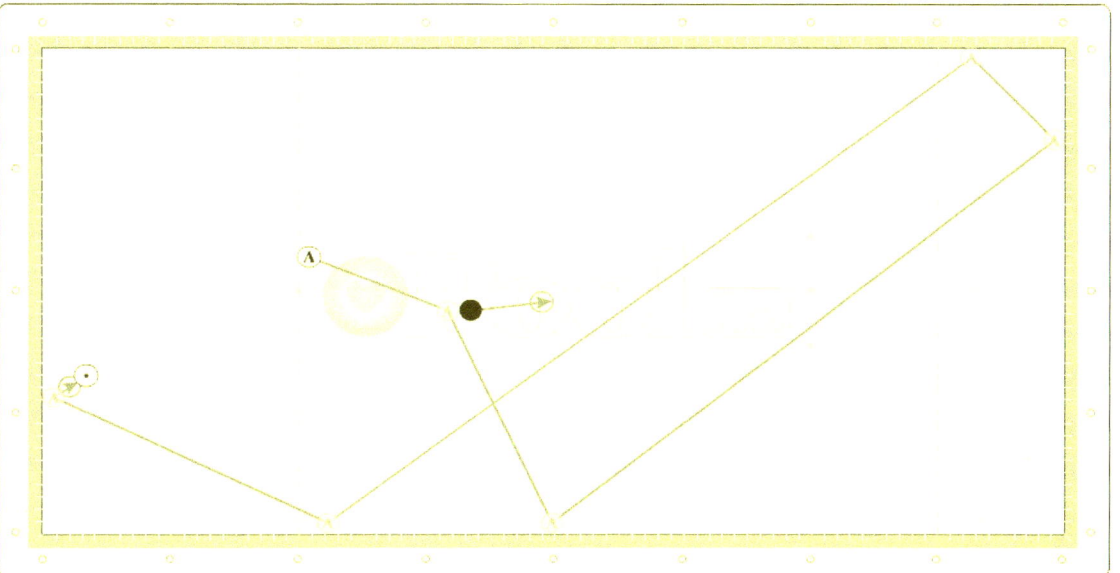

C:4c – Piirustus

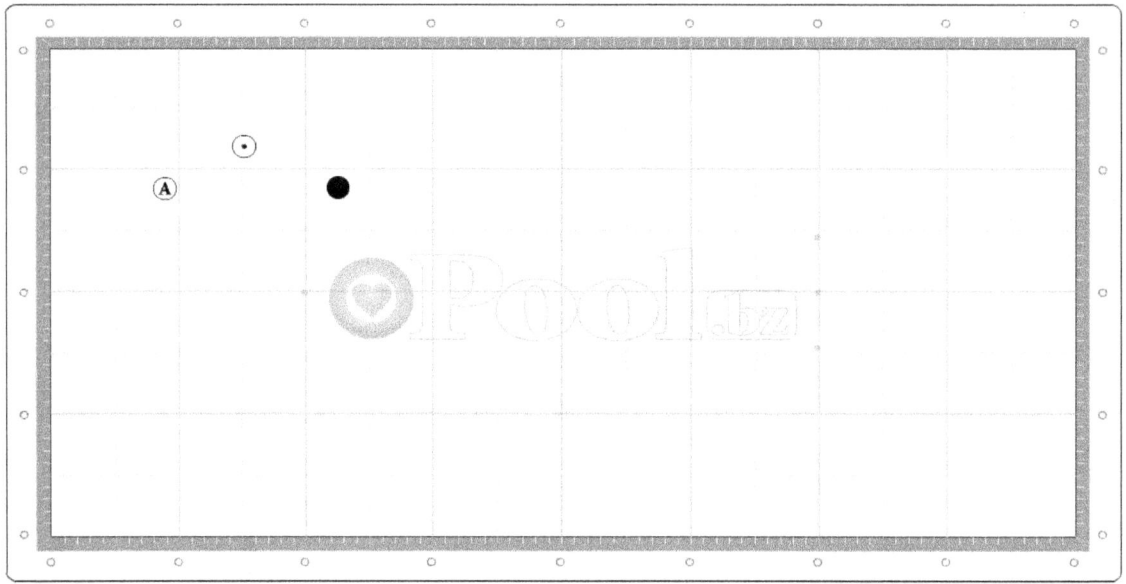

Huomautuksia ja ideoita:

Pallokuviota

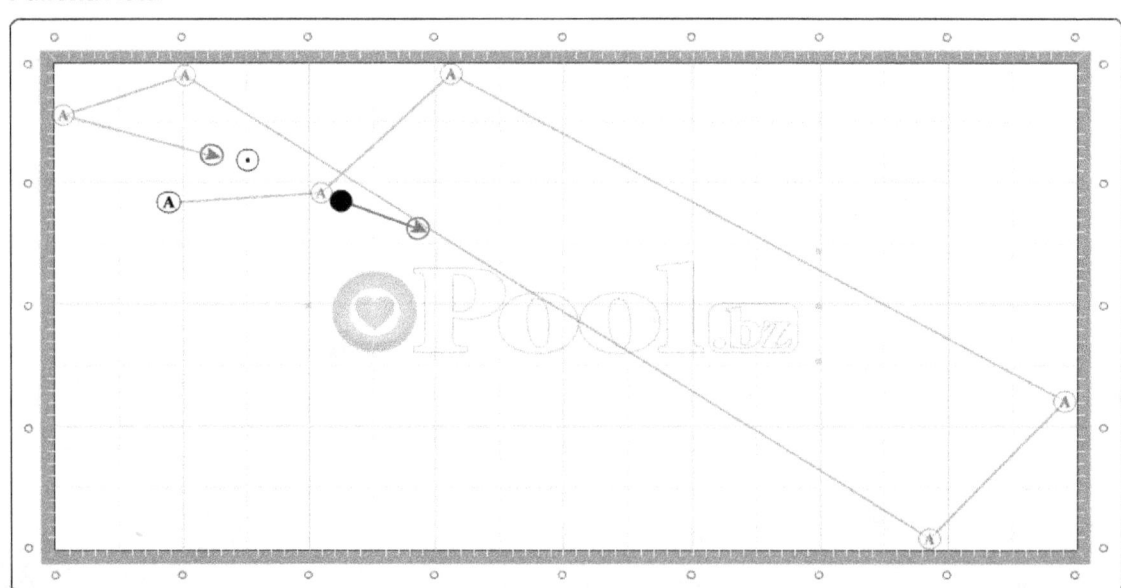

C:4d – Piirustus

Huomautuksia ja ideoita:

Pallokuviota

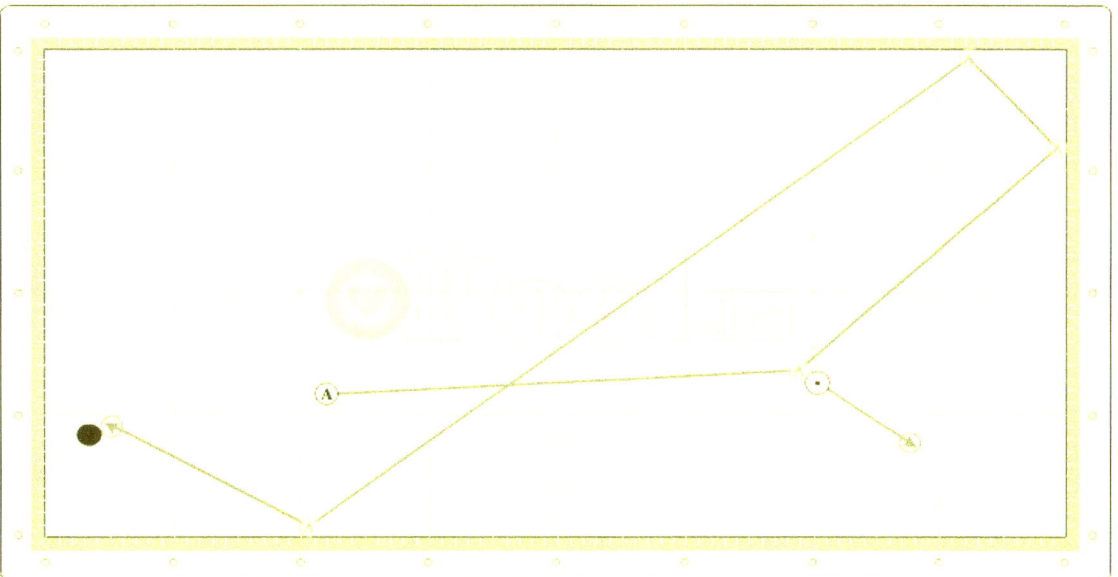

3-vallin kara: Diagonaalinen kulma kulmakuvioihin

C: Ryhmä 5

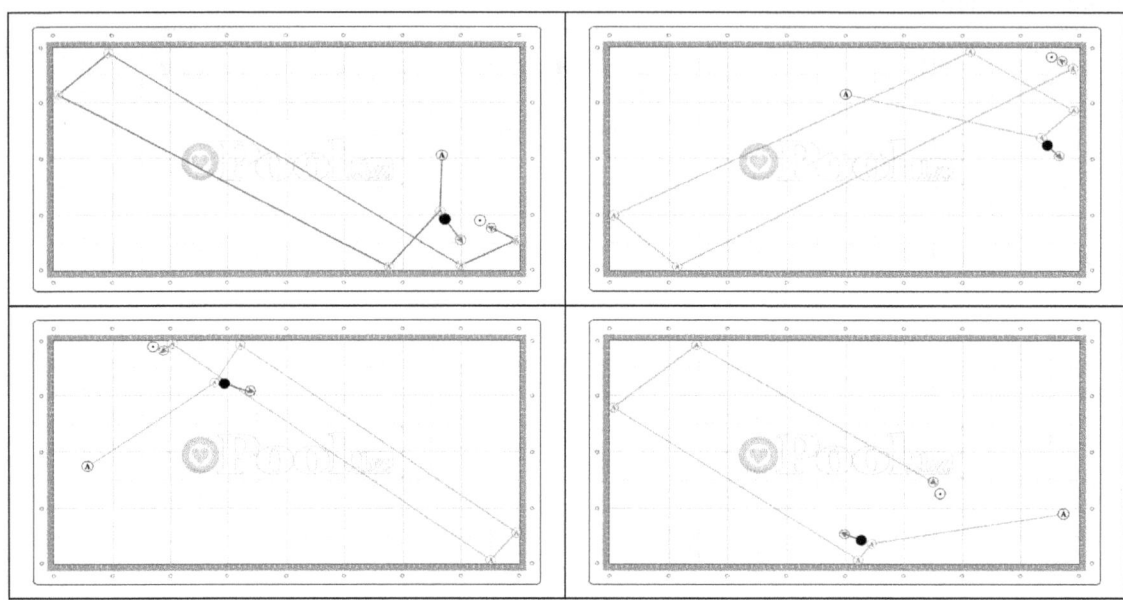

Analyysi:

C:5a. _____

C:5b. _____

C:5c. _____

C:5d. _____

3-vallin kara: Diagonaalinen kulma kulmakuvioihin

C:5a – Piirustus

Huomautuksia ja ideoita:

Pallokuviota

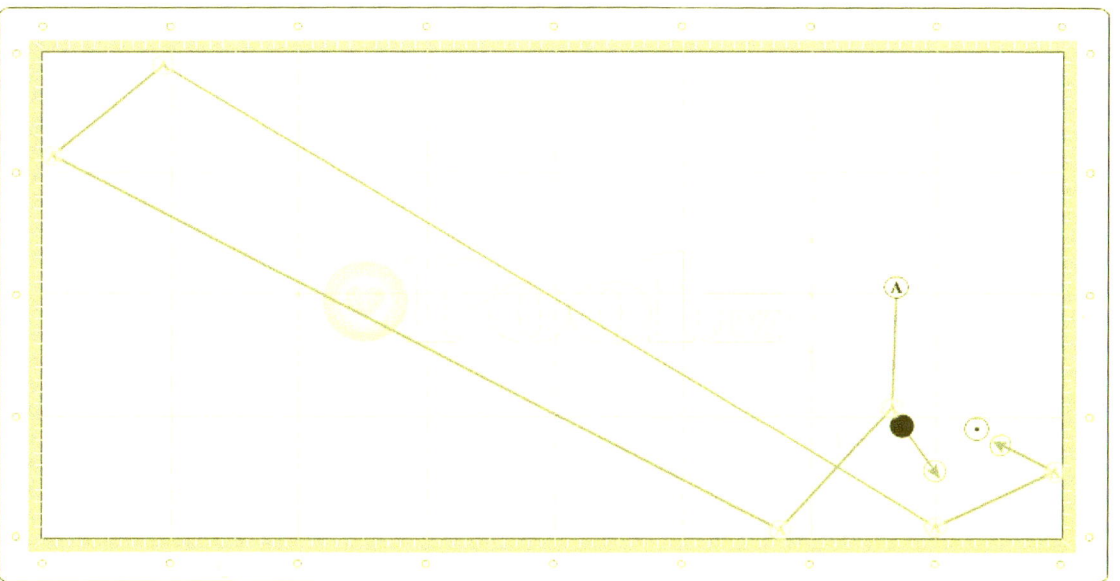

C:5b – Piirustus

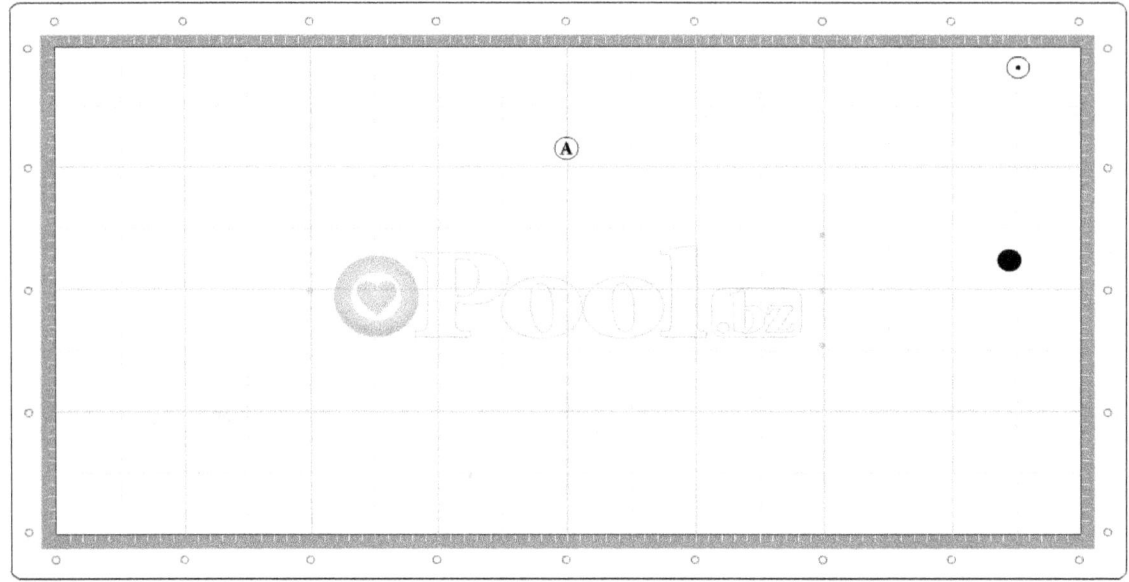

Huomautuksia ja ideoita:

Pallokuviota

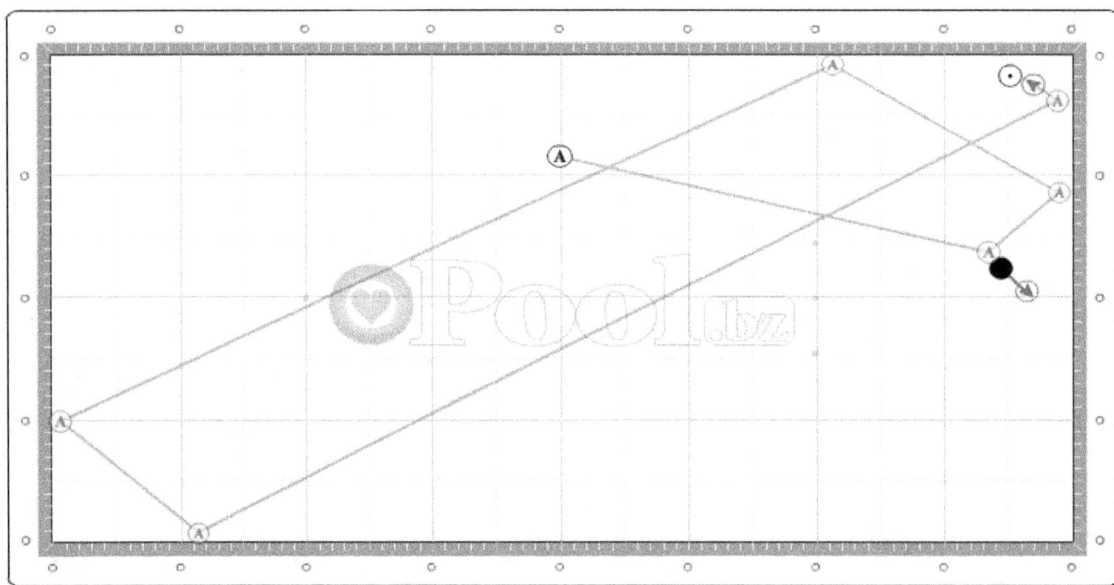

C:5c – Piirustus

Huomautuksia ja ideoita:

Pallokuviota

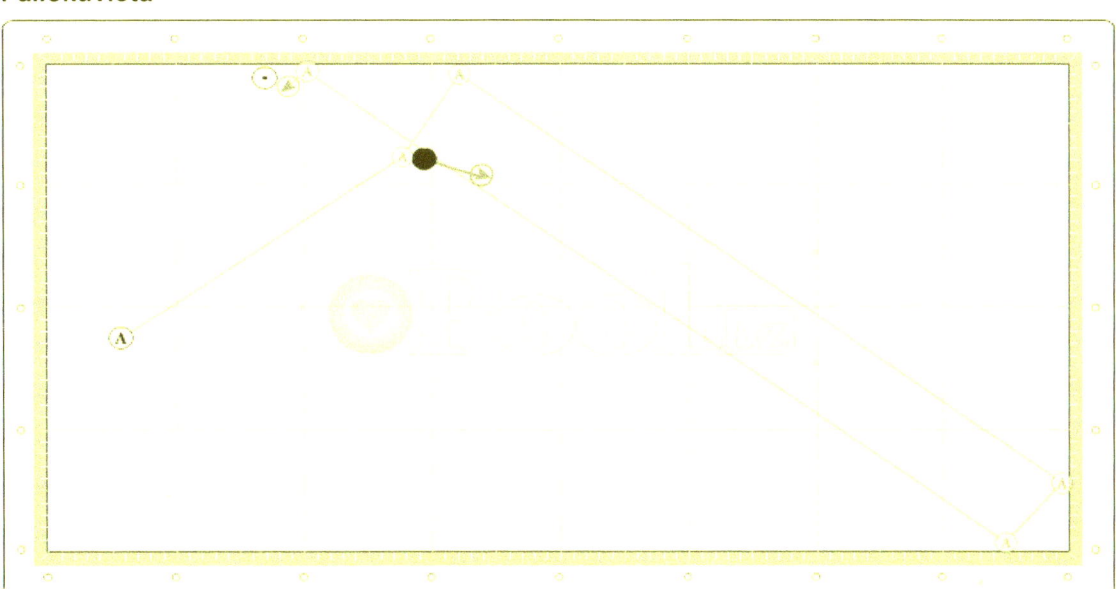

C:5d – Piirustus

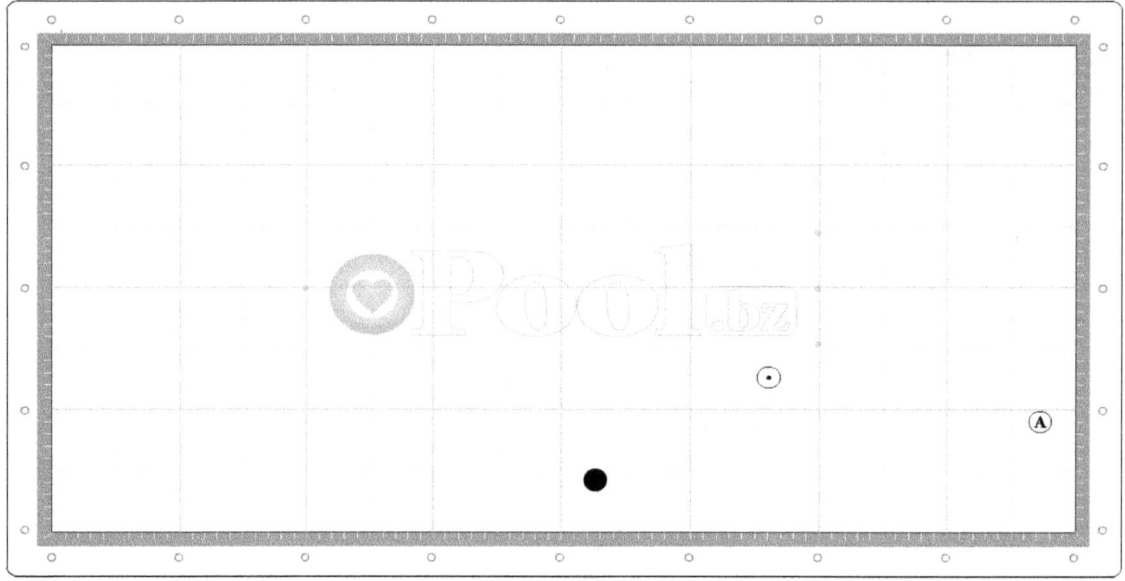

Huomautuksia ja ideoita:

Pallokuviota

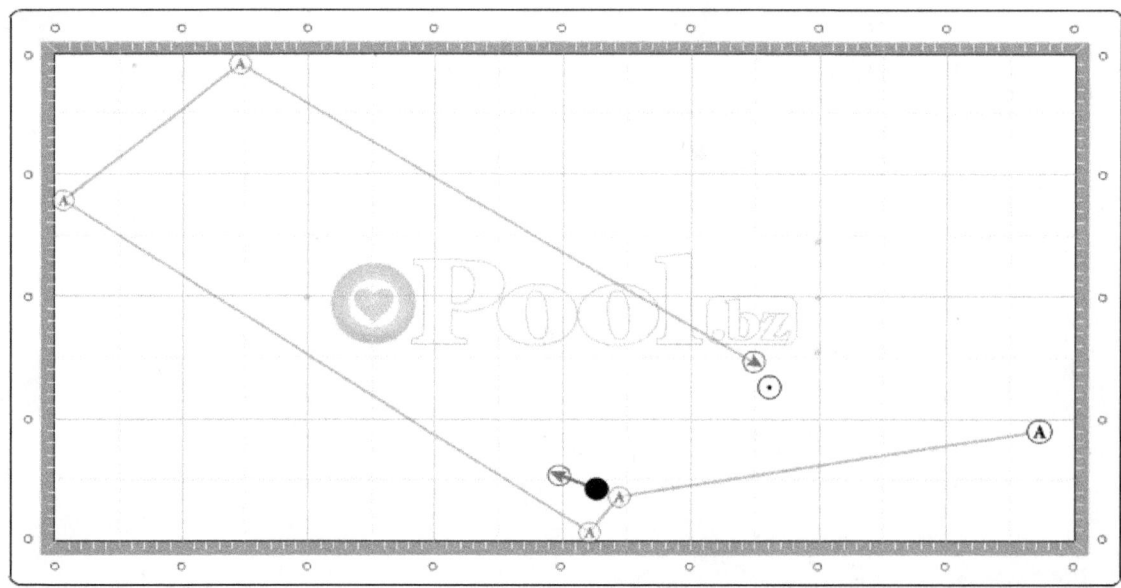

3-vallin kara: Diagonaalinen kulma kulmakuvioihin

D: Kaksinkertainen lävistäjä

(CB) tulee ensimmäisestä (OB) yhdestä kulmasta. Se tulee ulos ja johtaa päinvastaiseen kulmaan. Saapuvat ja lähtevät polut eivät ole rinnakkaisia.

Ⓐ (CB) (sinun biljardipallo) – ◉ (OB) (vastustaja biljardipallo) – ● (OB) (punainen biljardipallo)

D: Ryhmä 1

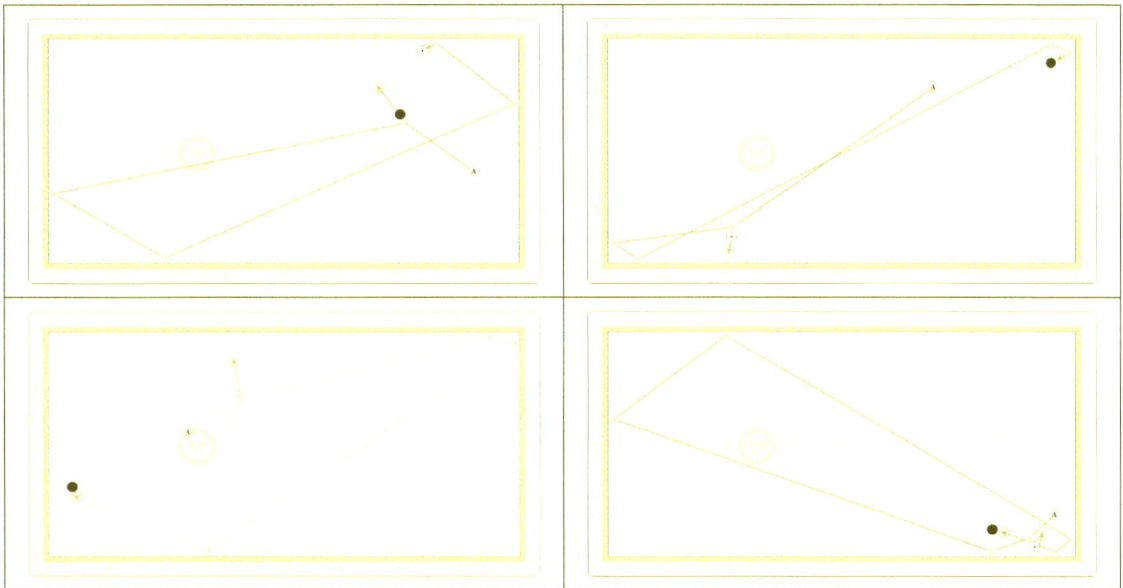

Analyysi:

D:1a. _____

D:1b. _____

D:1c. _____

D:1d. _____

D:1a – Piirustus

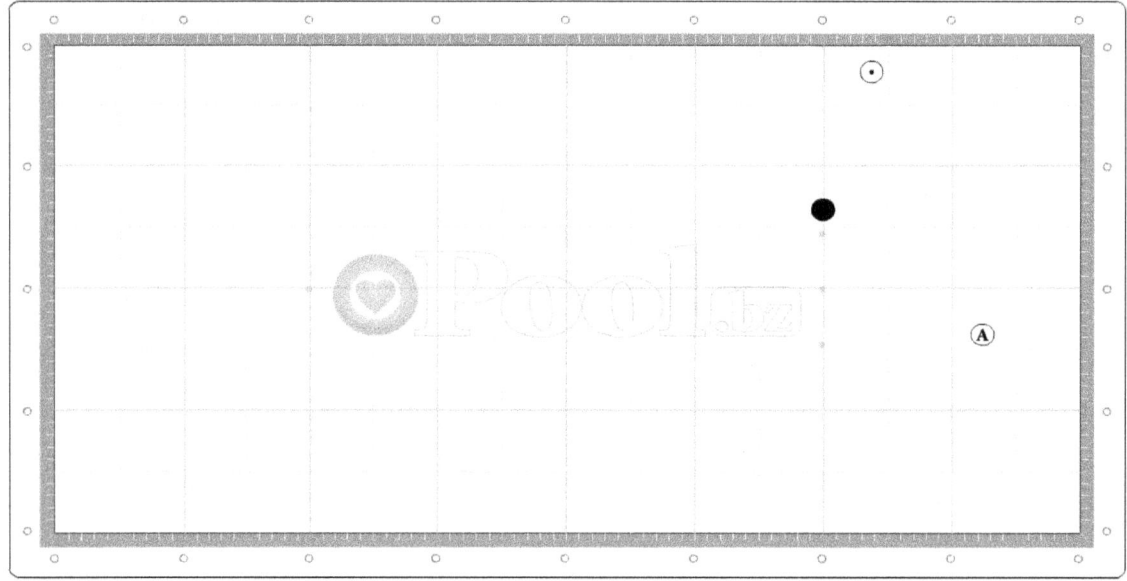

Huomautuksia ja ideoita:

Pallokuviota

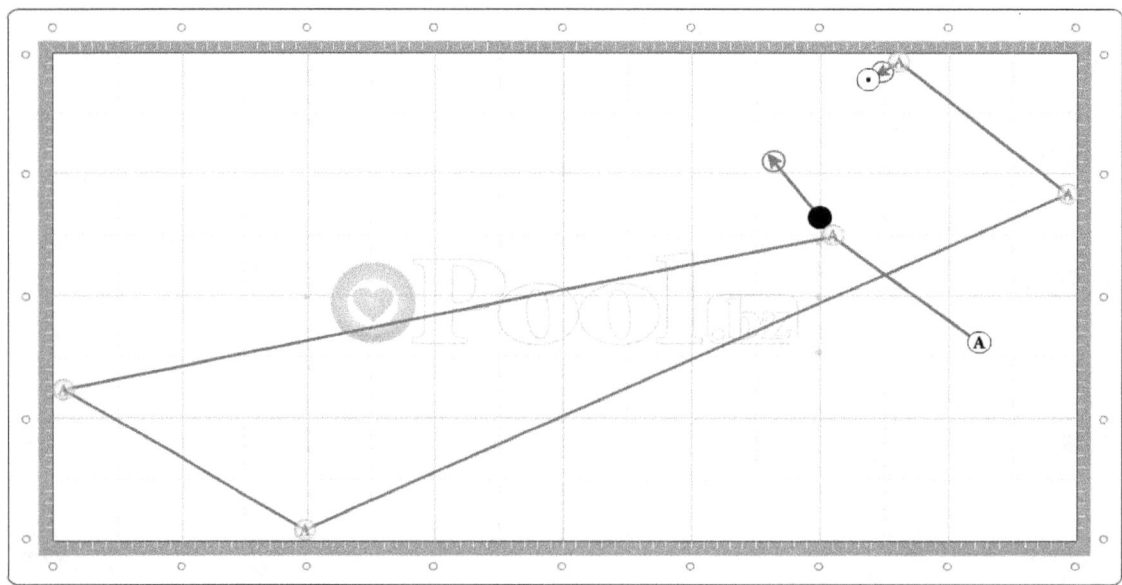

3-vallin kara: Diagonaalinen kulma kulmakuvioihin

D:1b − Piirustus

Huomautuksia ja ideoita:

Pallokuviota

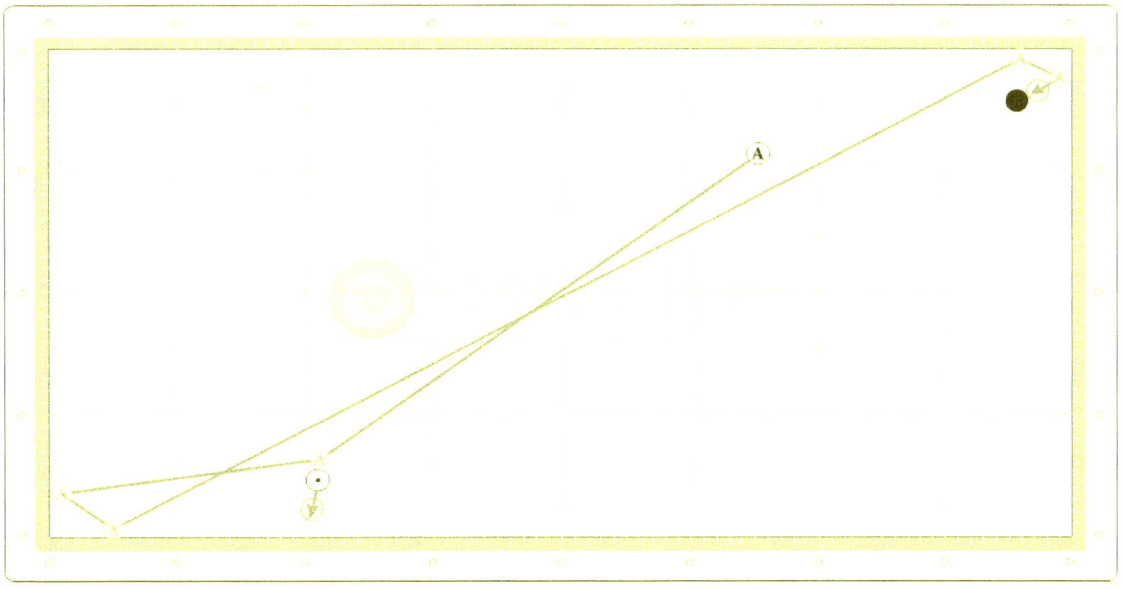

D:1c – Piirustus

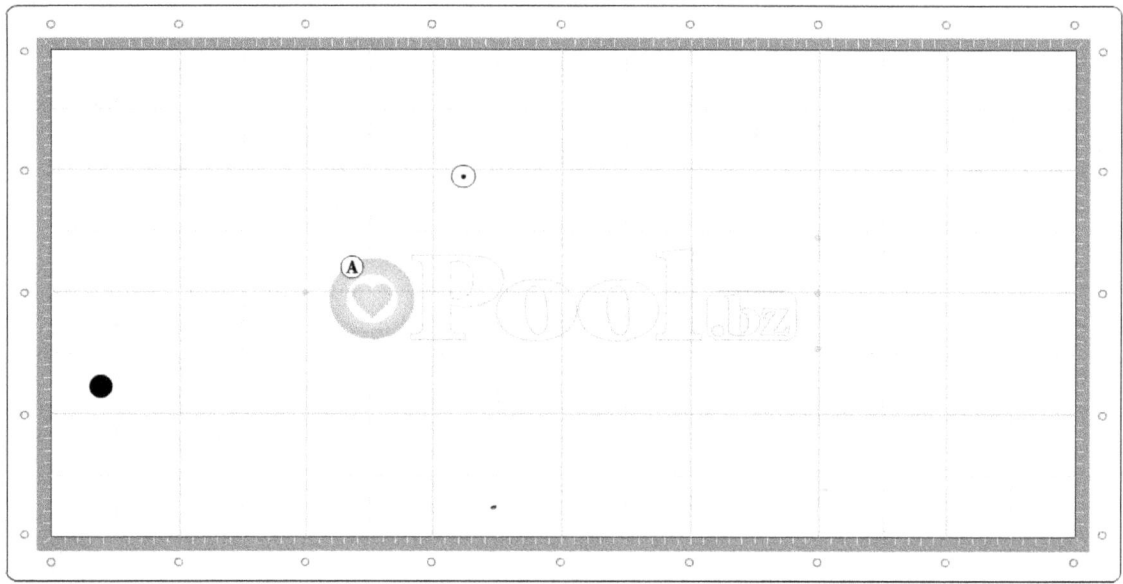

Huomautuksia ja ideoita:

Pallokuviota

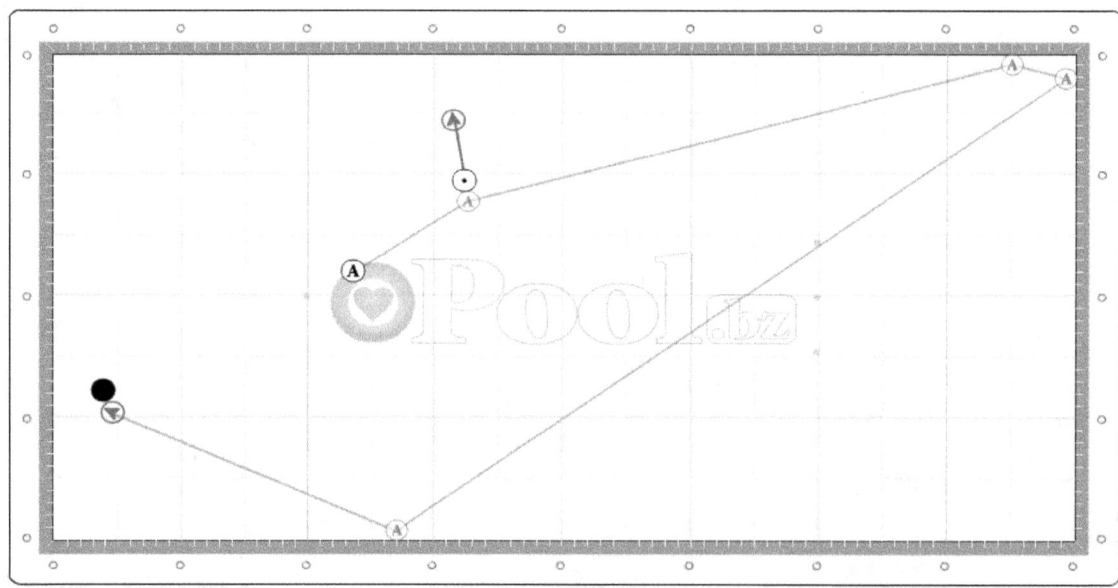

3-vallin kara: Diagonaalinen kulma kulmakuvioihin

D:1d – Piirustus

Huomautuksia ja ideoita:

Pallokuviota

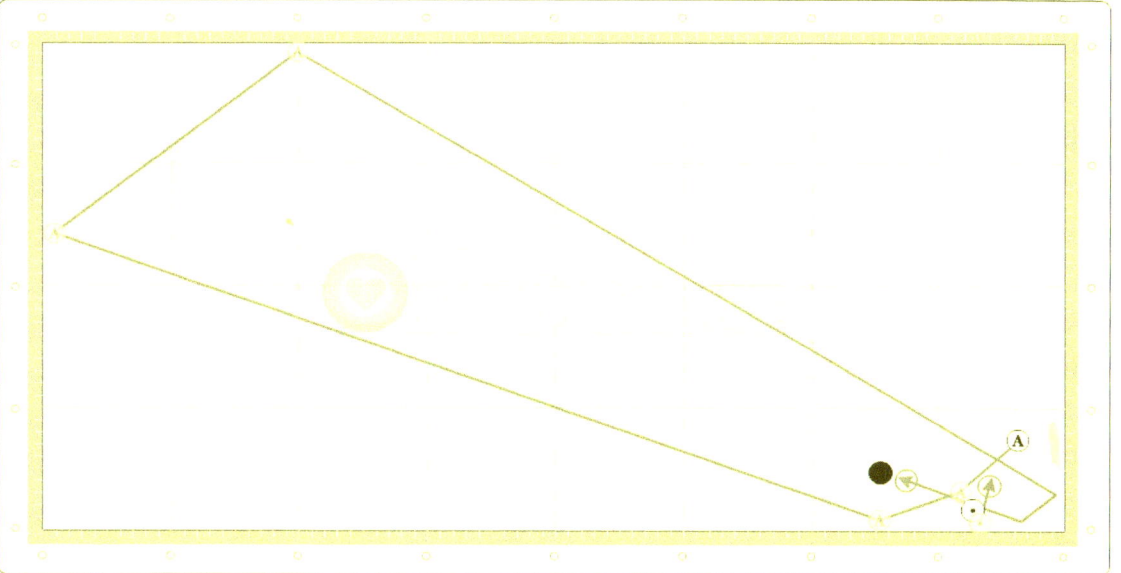

D: Ryhmä 2

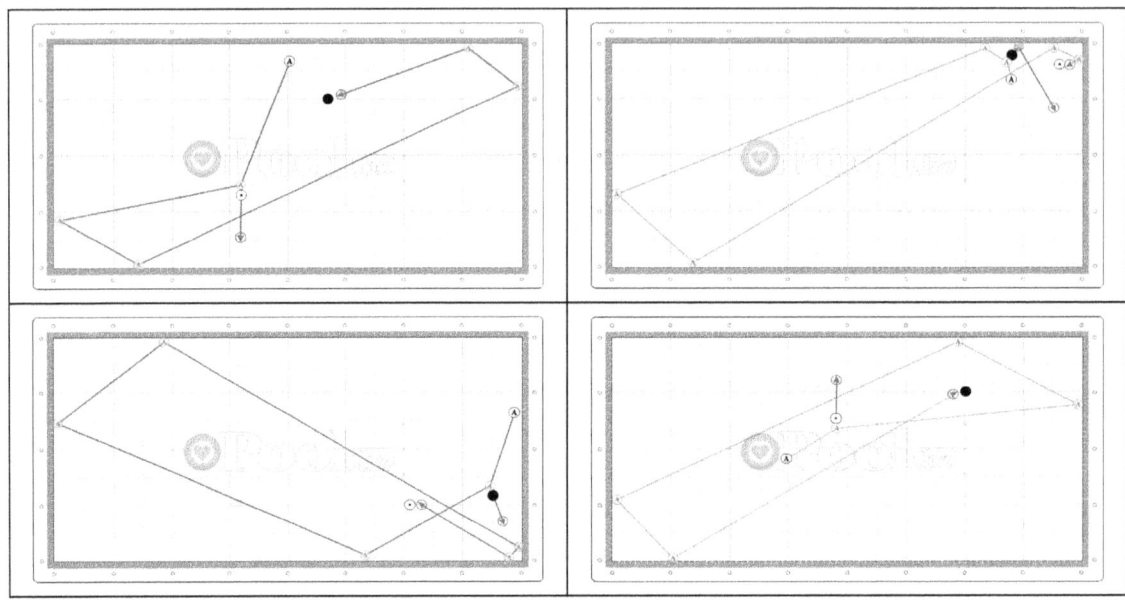

Analyysi:

D:2a. _____

D:2b. _____

D:2c. _____

D:2d. _____

3-vallin kara: Diagonaalinen kulma kulmakuvioihin

D:2a – Piirustus

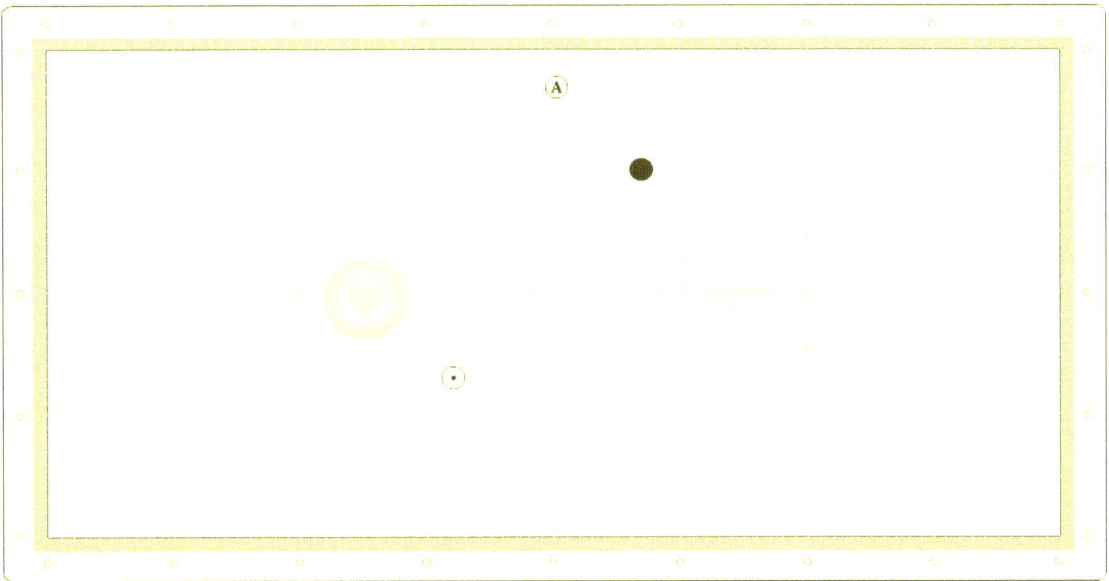

Huomautuksia ja ideoita:

Pallokuviota

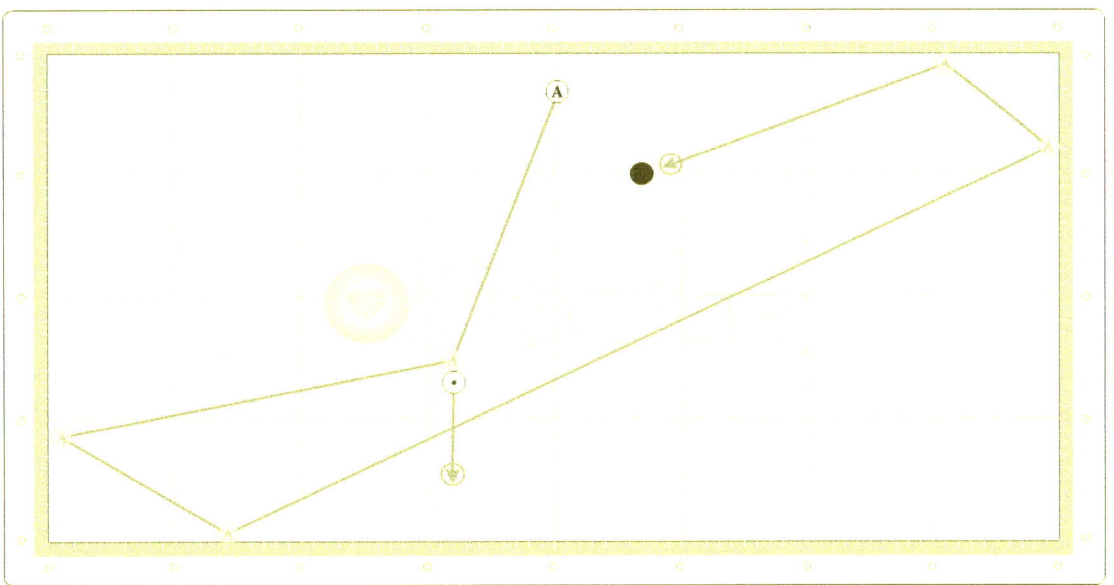

D:2b – Piirustus

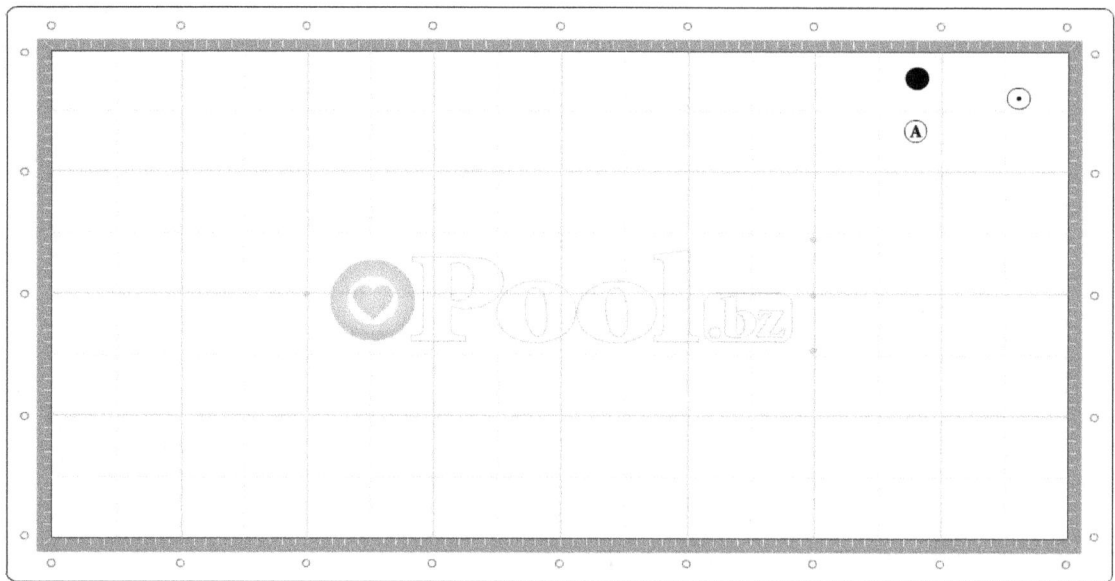

Huomautuksia ja ideoita:

Pallokuviota

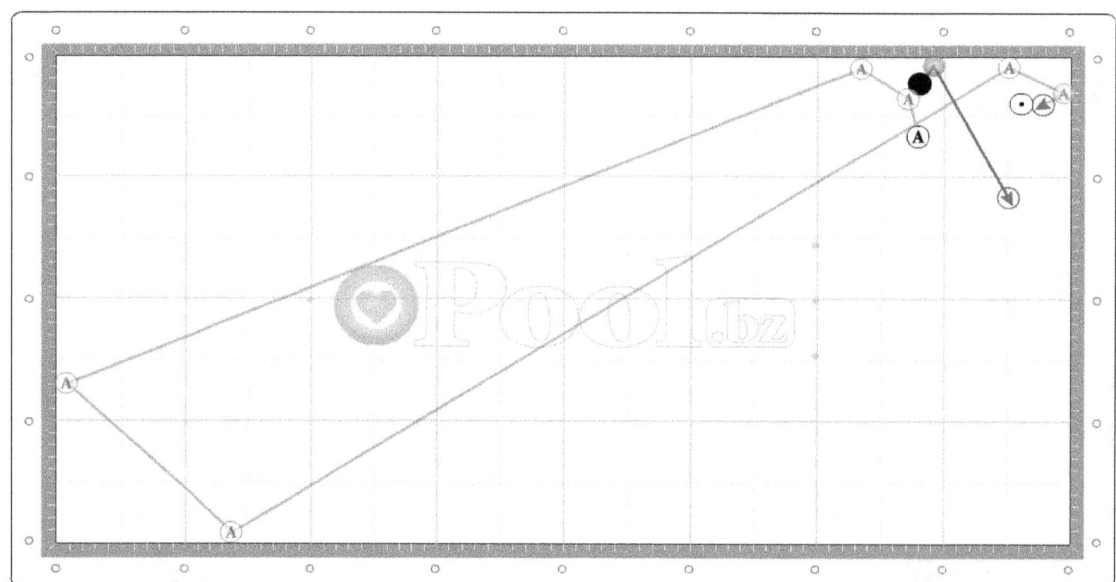

3-vallin kara: Diagonaalinen kulma kulmakuvioihin

D:2c – Piirustus

Huomautuksia ja ideoita:

Pallokuviota

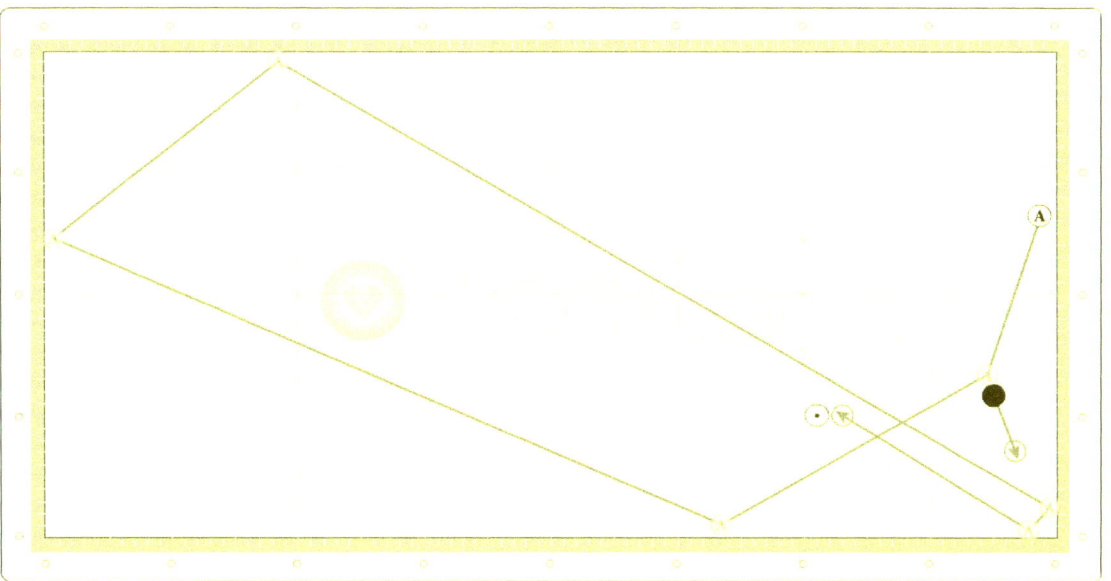

D:2d – Piirustus

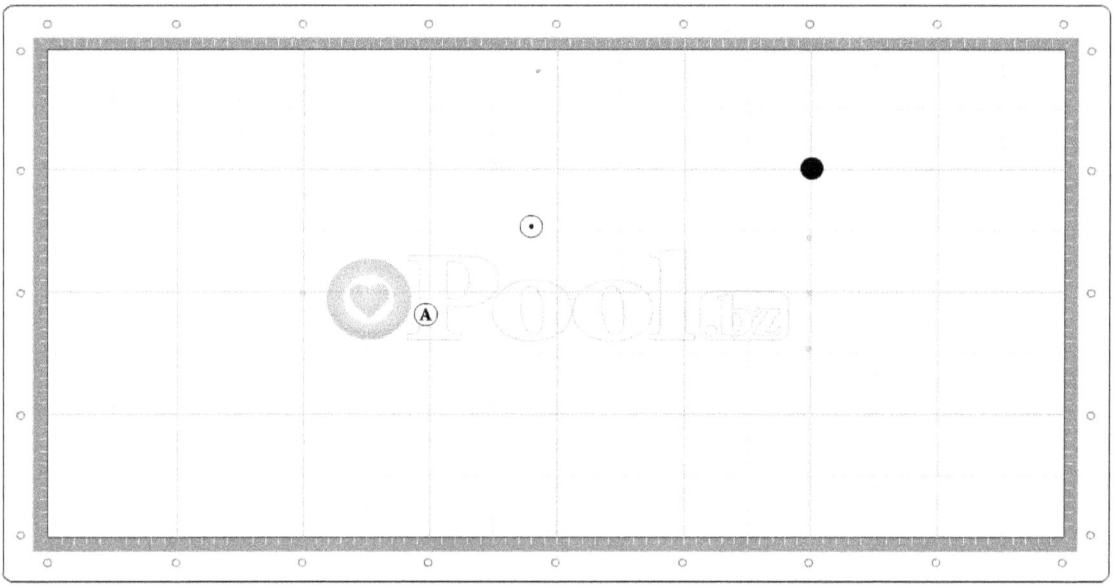

Huomautuksia ja ideoita:

Pallokuviota

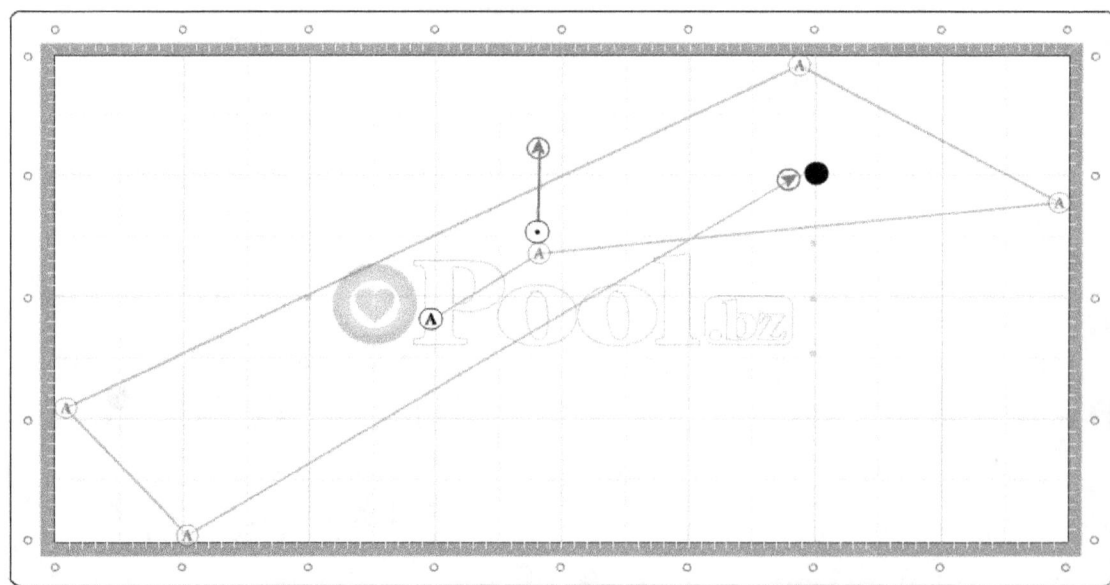

D: Ryhmä 3

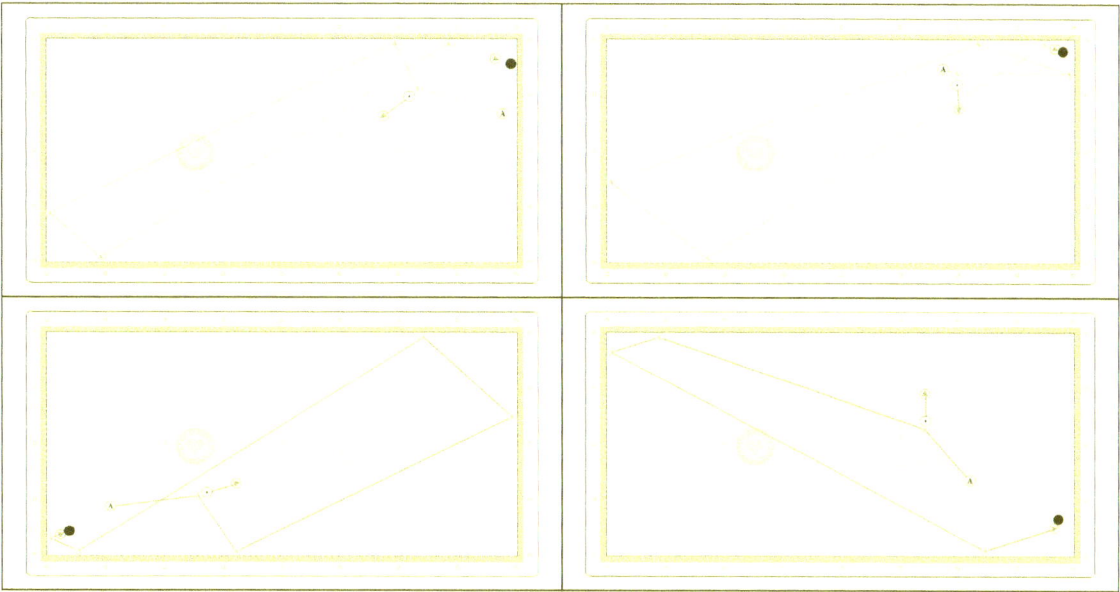

Analyysi:

D:3a. _____

D:3b. _____

D:3c. _____

D:3d. _____

D:3a – Piirustus

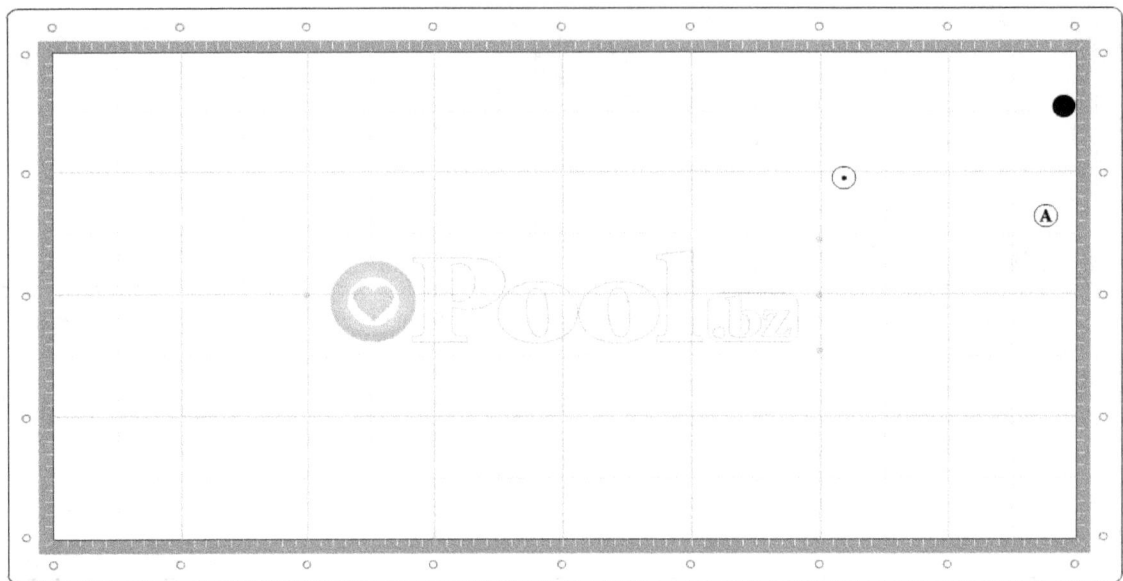

Huomautuksia ja ideoita:

Pallokuviota

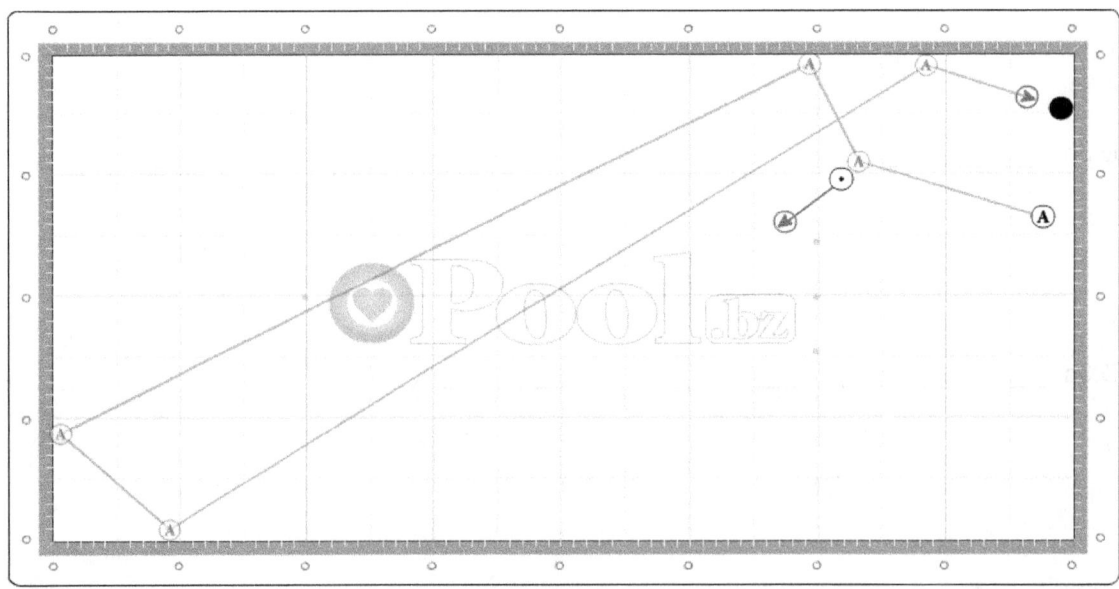

D:3b – Piirustus

Huomautuksia ja ideoita:

Pallokuviota

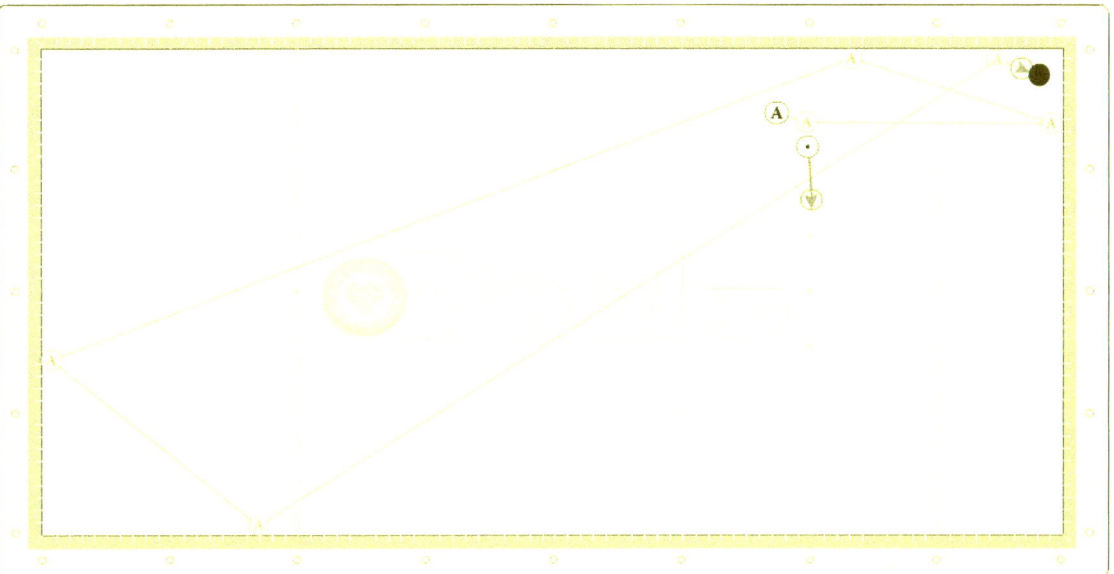

3-vallin kara: Diagonaalinen kulma kulmakuvioihin

D:3c – Piirustus

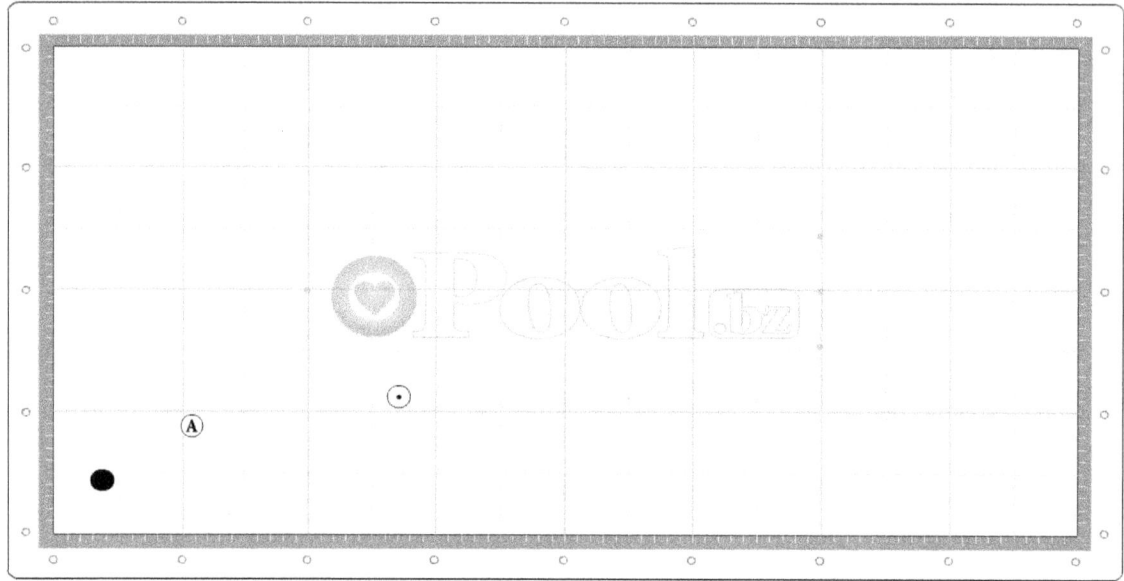

Huomautuksia ja ideoita:

Pallokuviota

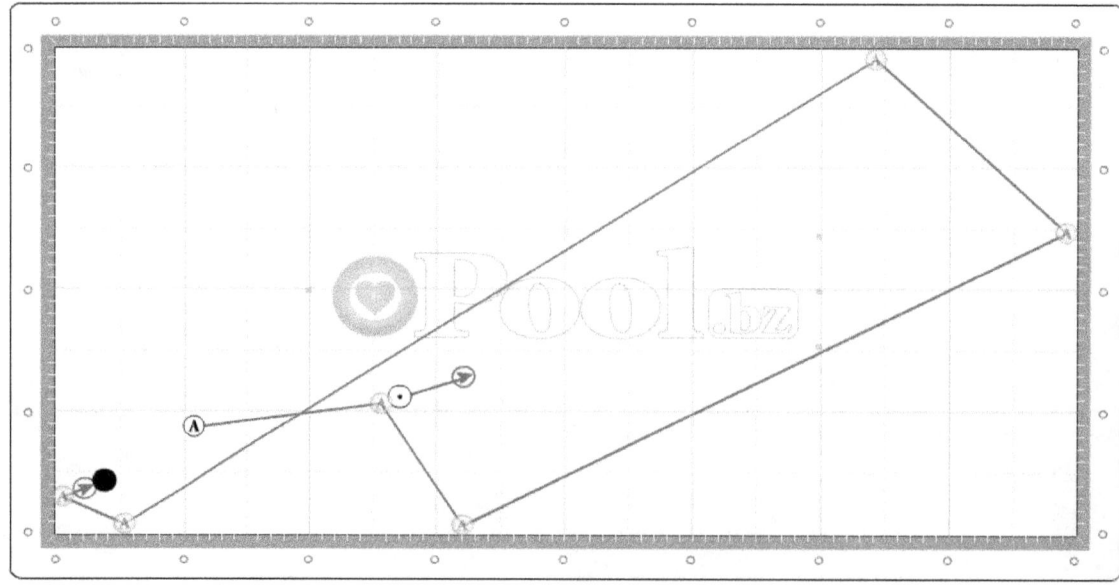

D:3d – Piirustus

Huomautuksia ja ideoita:

Pallokuviota

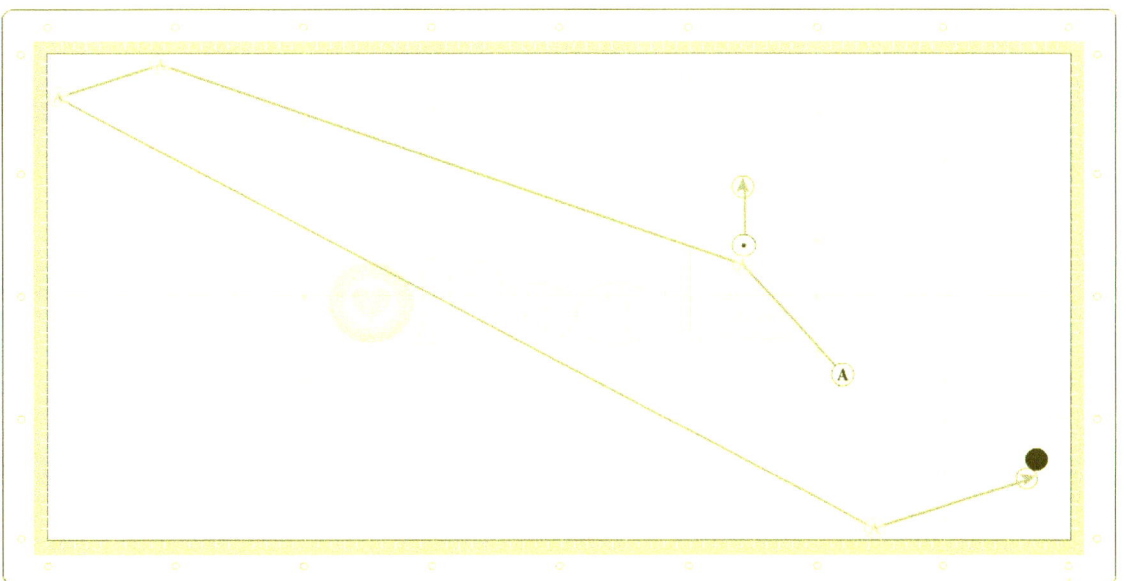

D: Ryhmä 4

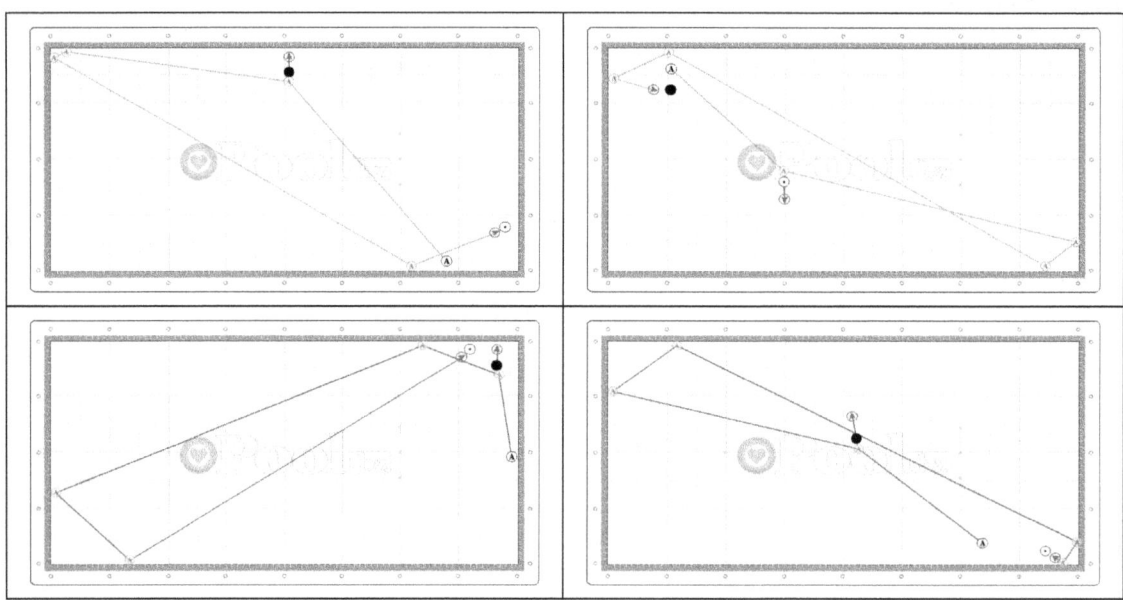

Analyysi:

D:4a. _____

D:4b. _____

D:4c. _____

D:4d. _____

3-vallin kara: Diagonaalinen kulma kulmakuvioihin

D:4a – Piirustus

Huomautuksia ja ideoita:

Pallokuviota

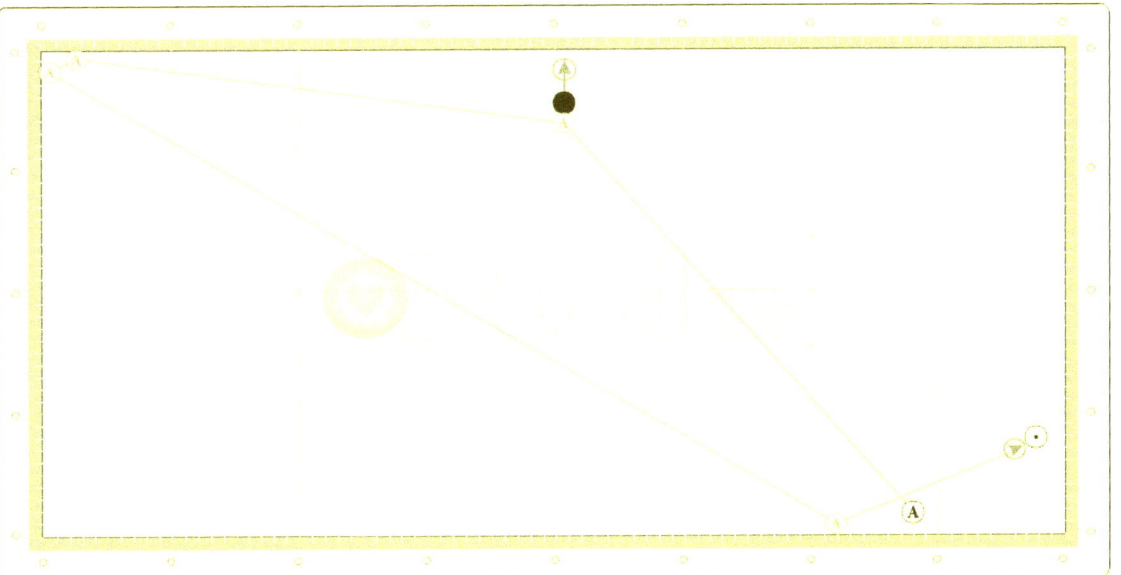

D:4b – Piirustus

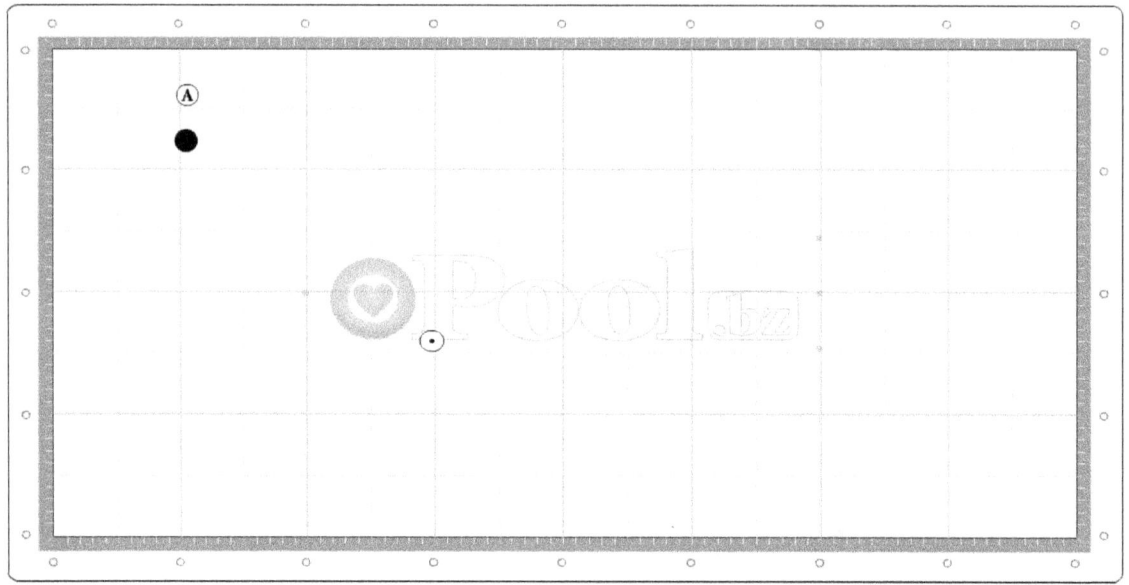

Huomautuksia ja ideoita:

Pallokuviota

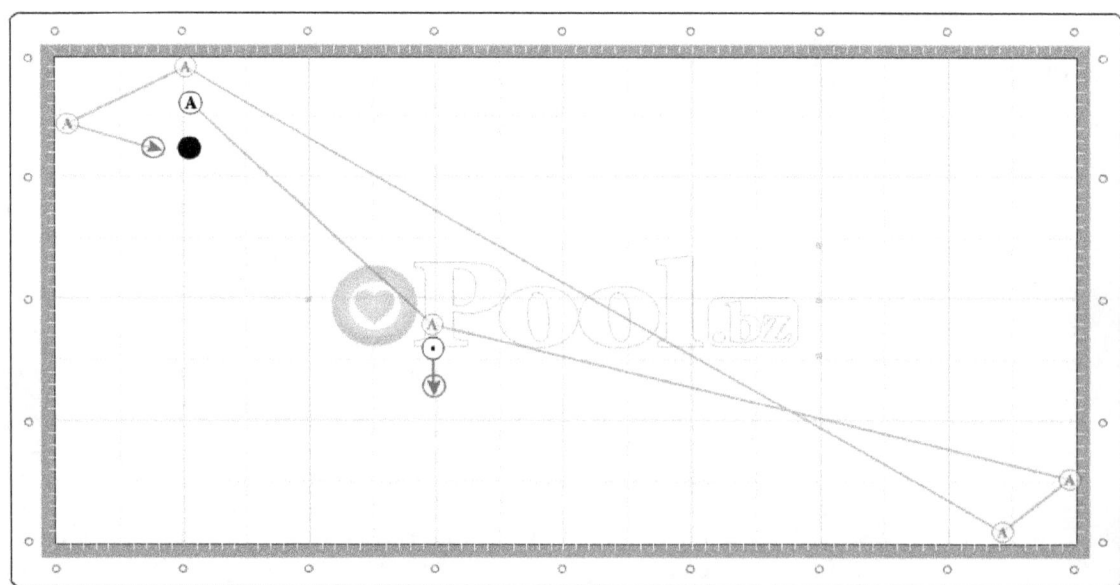

3-vallin kara: Diagonaalinen kulma kulmakuvioihin

D:4c – Piirustus

Huomautuksia ja ideoita:

Pallokuviota

D:4d – Piirustus

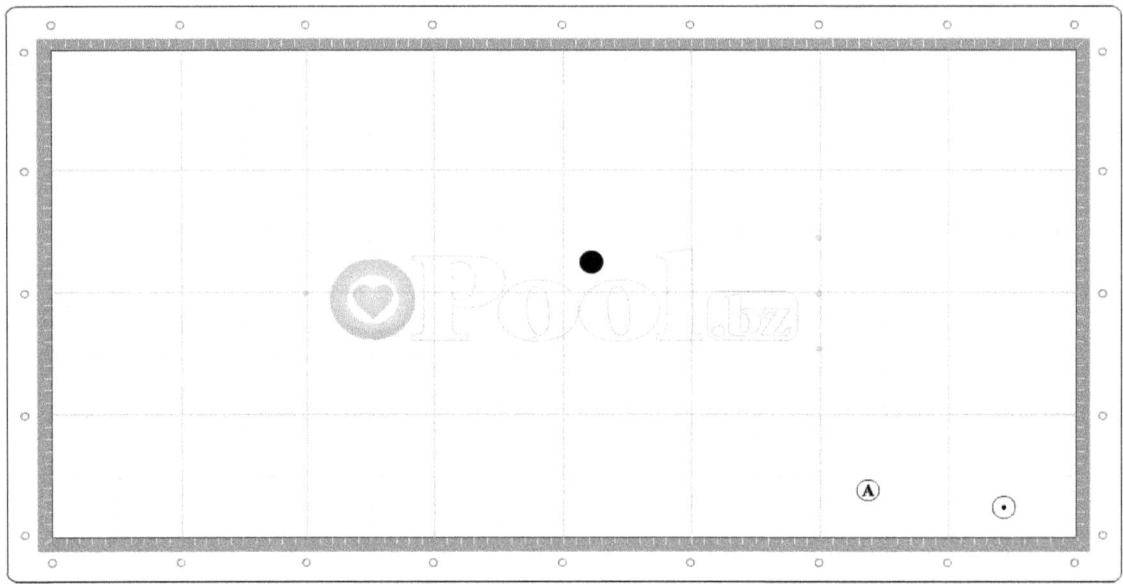

Huomautuksia ja ideoita:

Pallokuviota

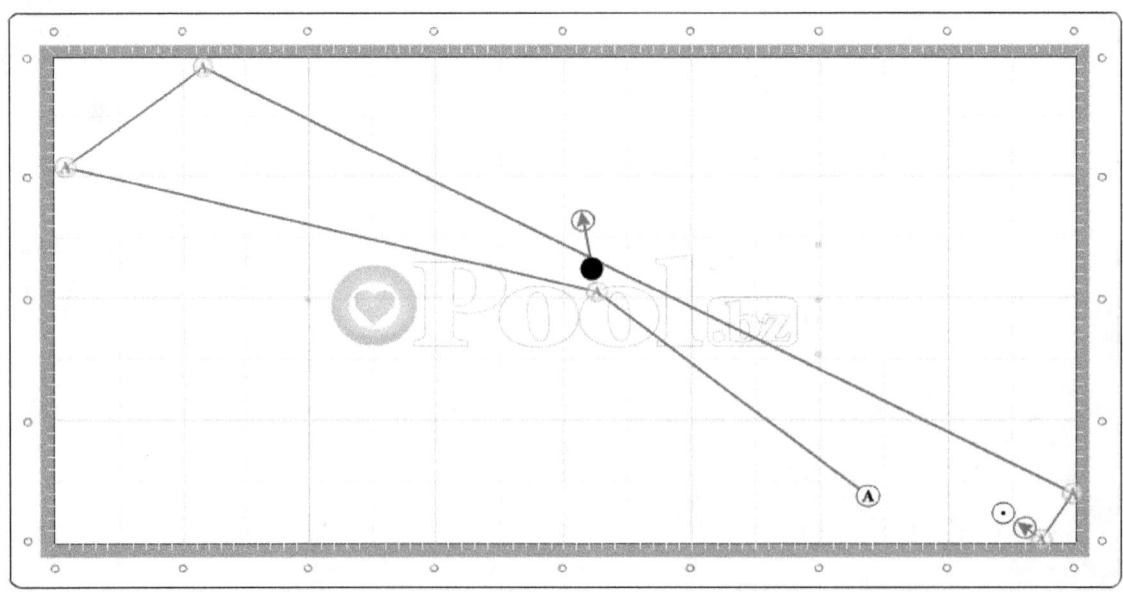

3-vallin kara: Diagonaalinen kulma kulmakuvioihin

D: Ryhmä 5

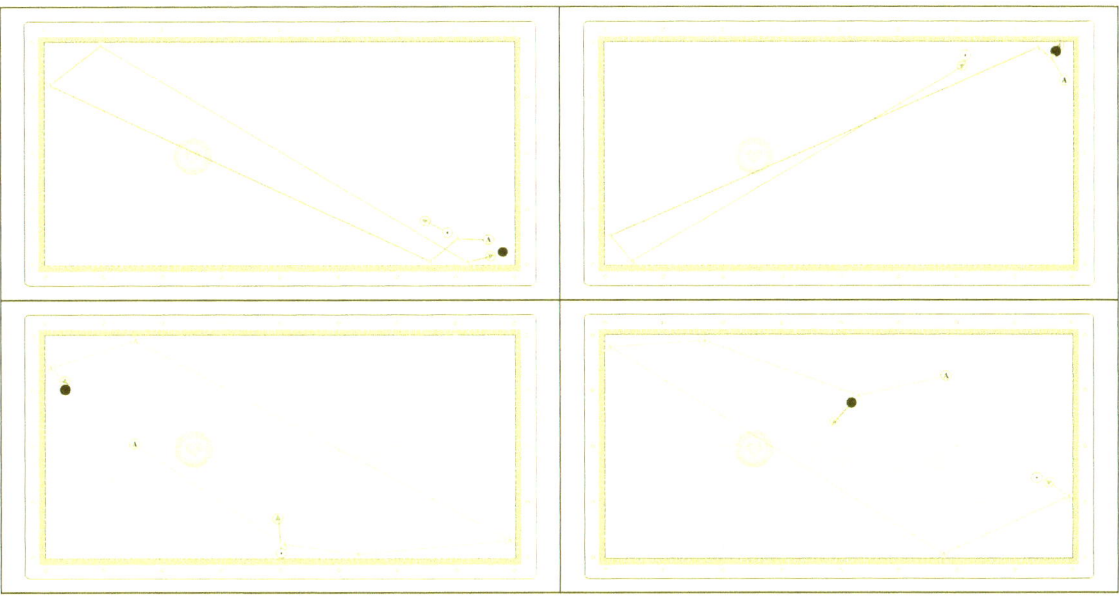

Analyysi:

D:5a. _____

D:5b. _____

D:5c. _____

D:5d. _____

D:5a – Piirustus

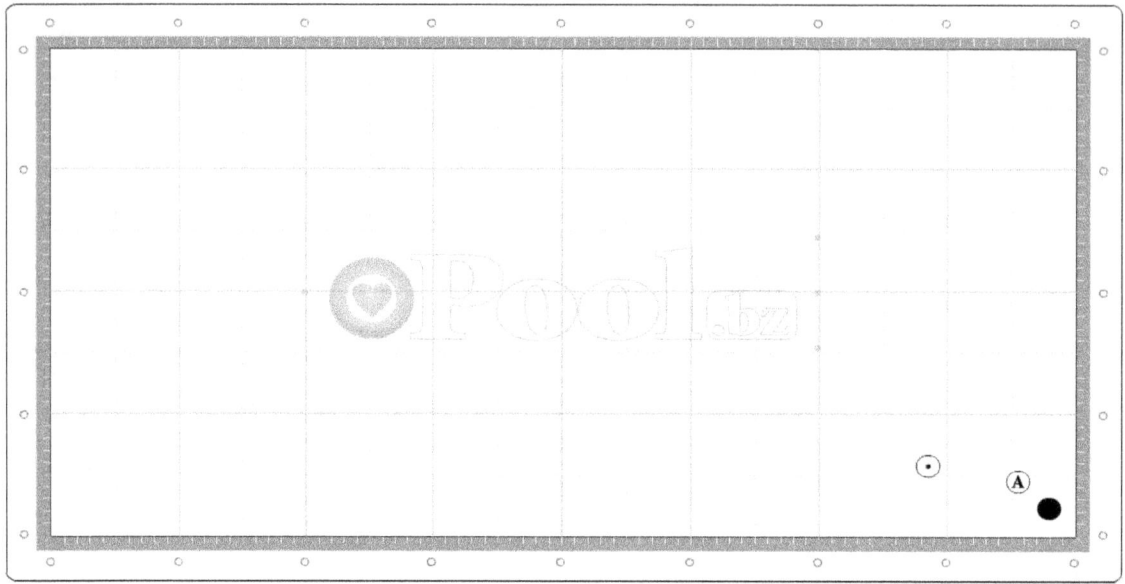

Huomautuksia ja ideoita:

Pallokuviota

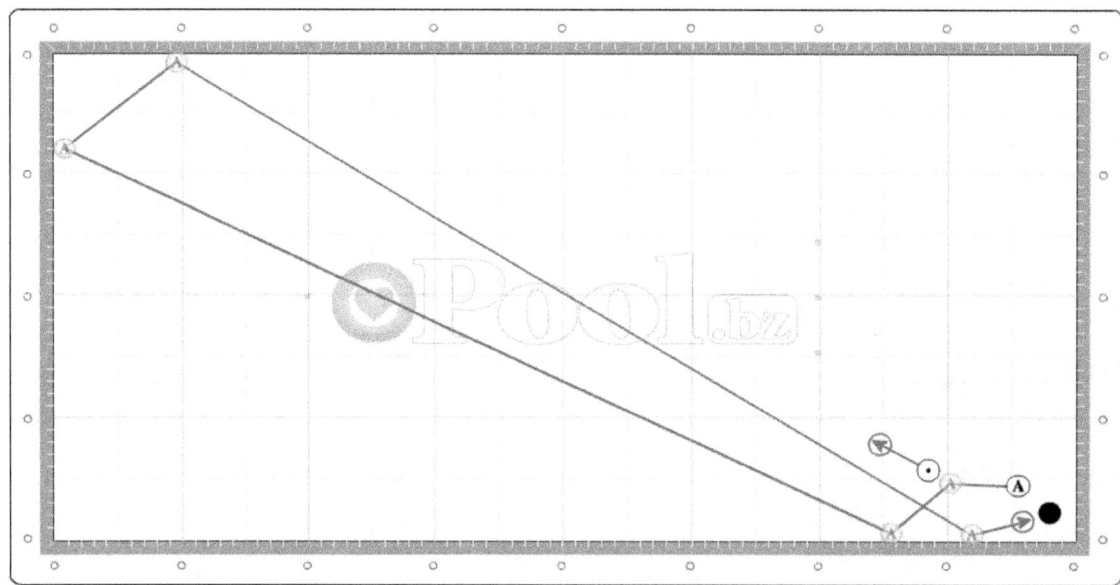

D:5b – Piirustus

Huomautuksia ja ideoita:

Pallokuviota

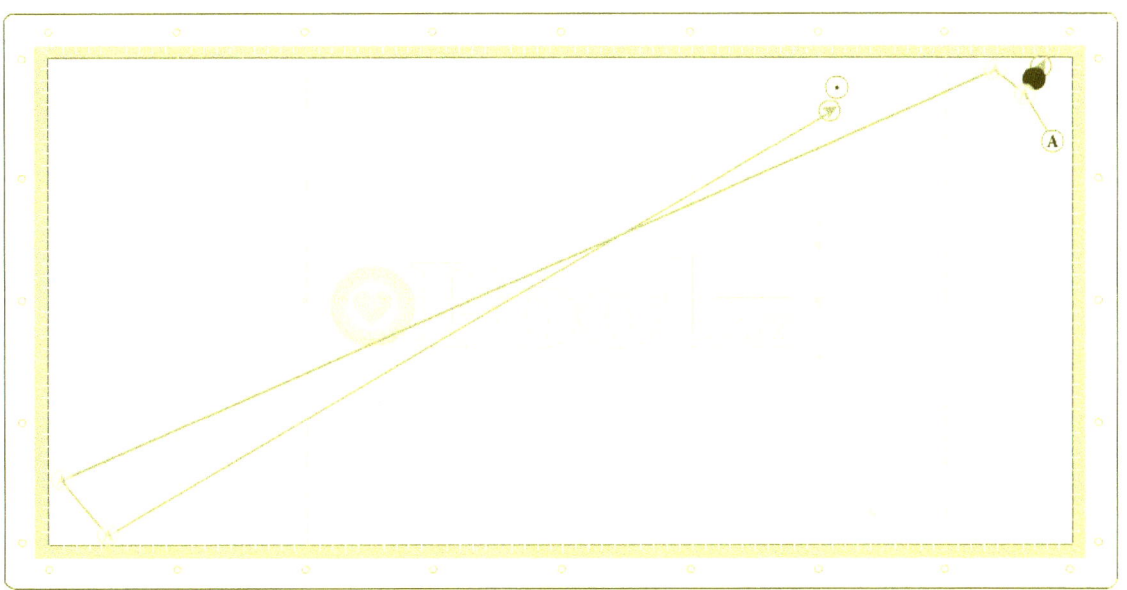

3-vallin kara: Diagonaalinen kulma kulmakuvioihin

D:5c – Piirustus

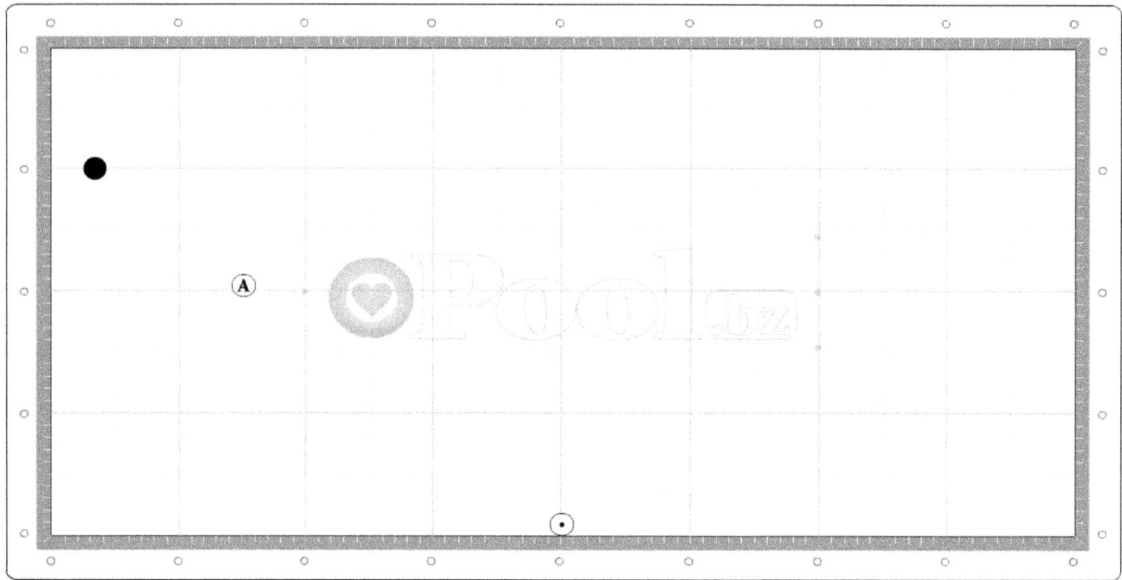

Huomautuksia ja ideoita:

Pallokuviota

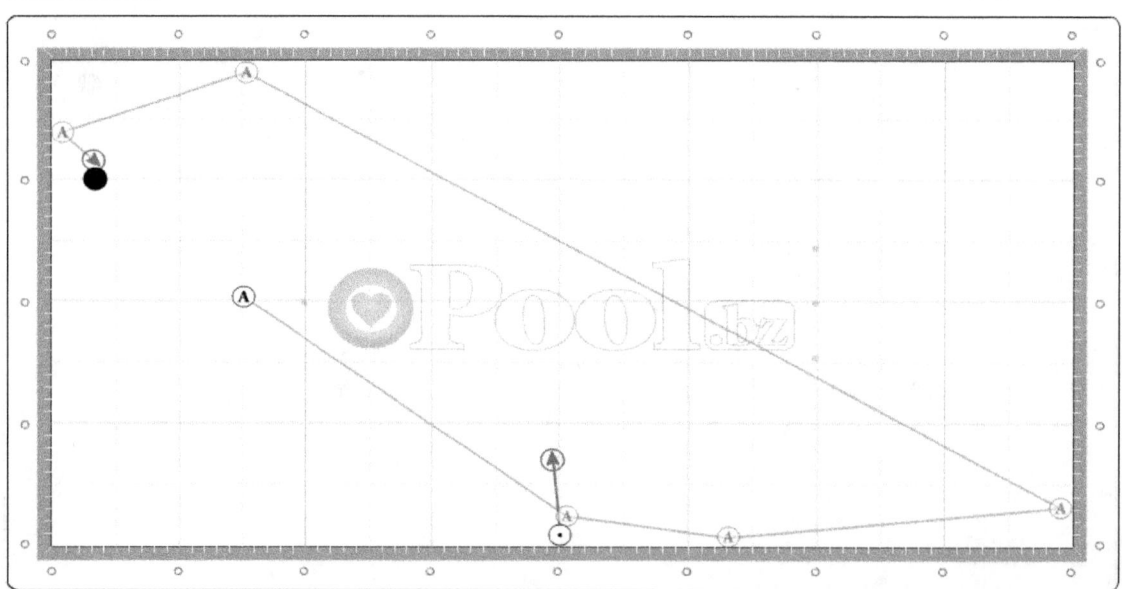

3-vallin kara: Diagonaalinen kulma kulmakuvioihin

D:5d – Piirustus

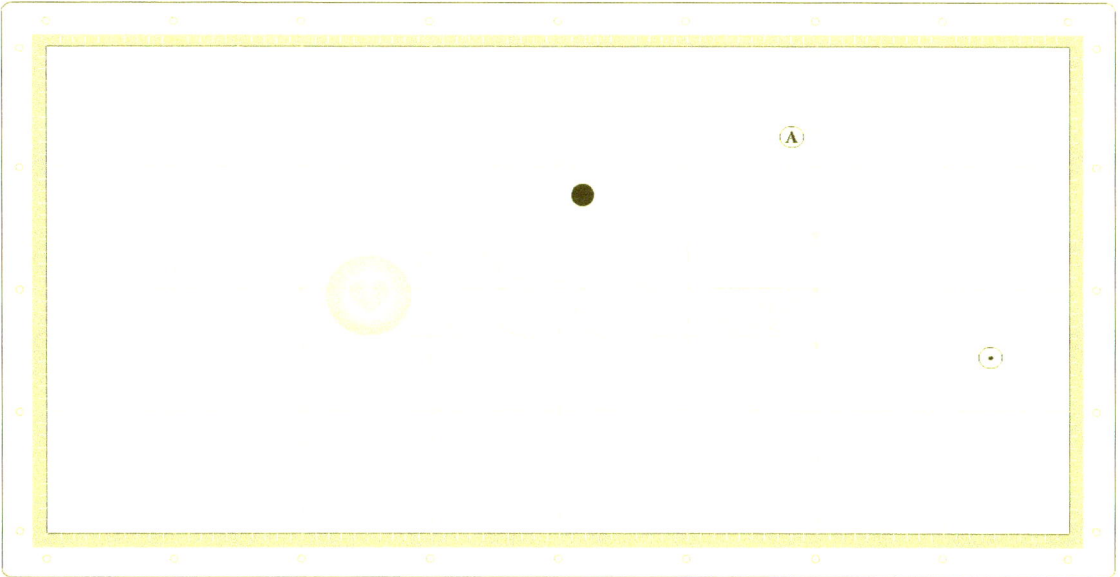

Huomautuksia ja ideoita:

Pallokuviota

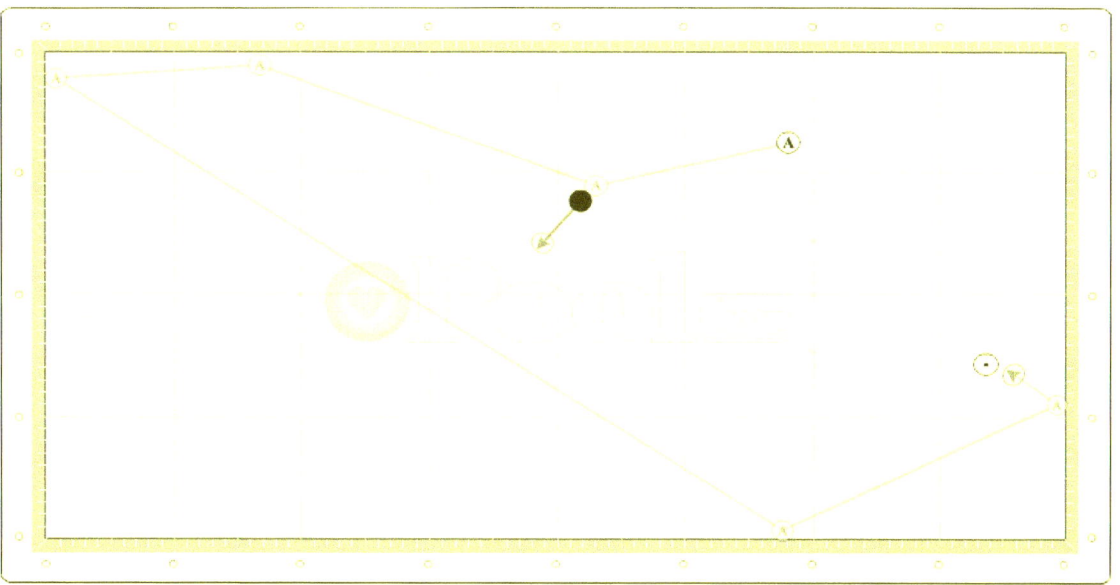

3-vallin kara: Diagonaalinen kulma kulmakuvioihin

D: Ryhmä 6

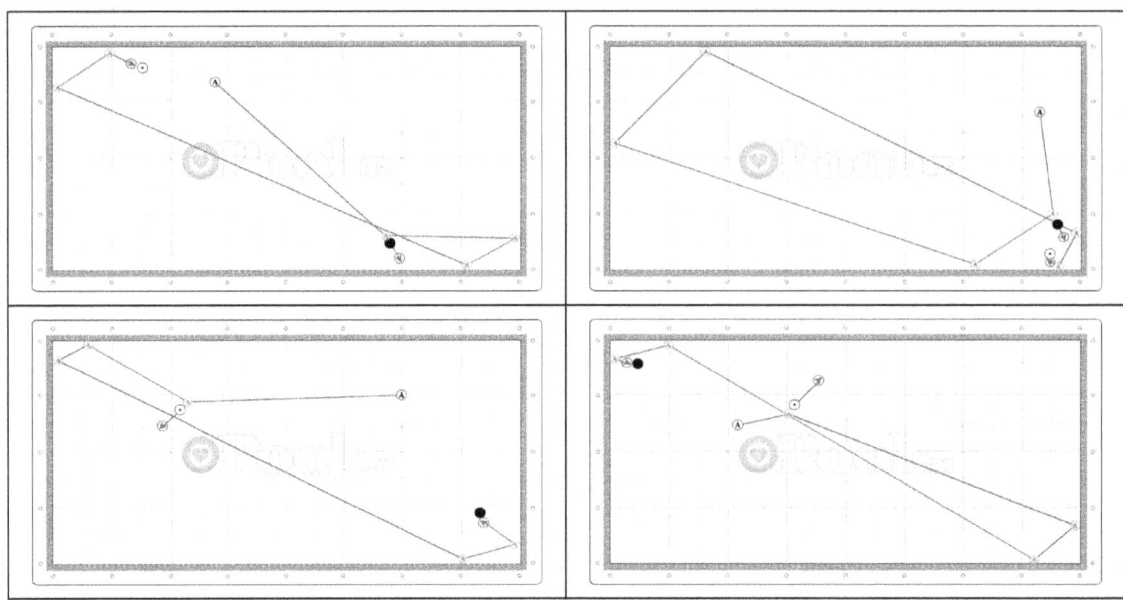

Analyysi:

D:6a. _____

D:6b. _____

D:6c. _____

D:6d. _____

3-vallin kara: Diagonaalinen kulma kulmakuvioihin

D:6a – Piirustus

Huomautuksia ja ideoita:

Pallokuviota

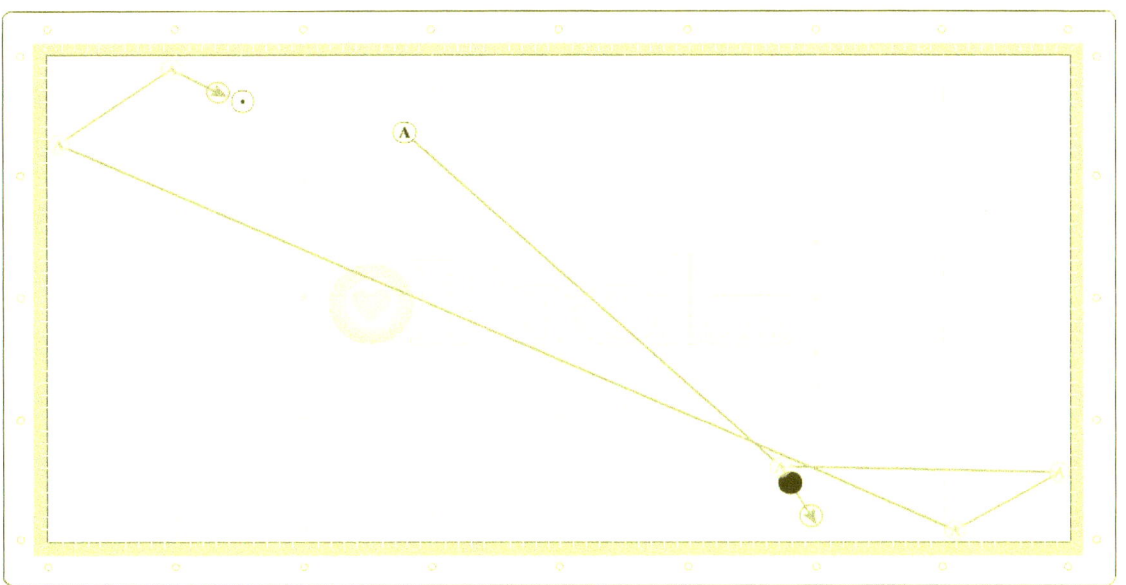

D:6b – Piirustus

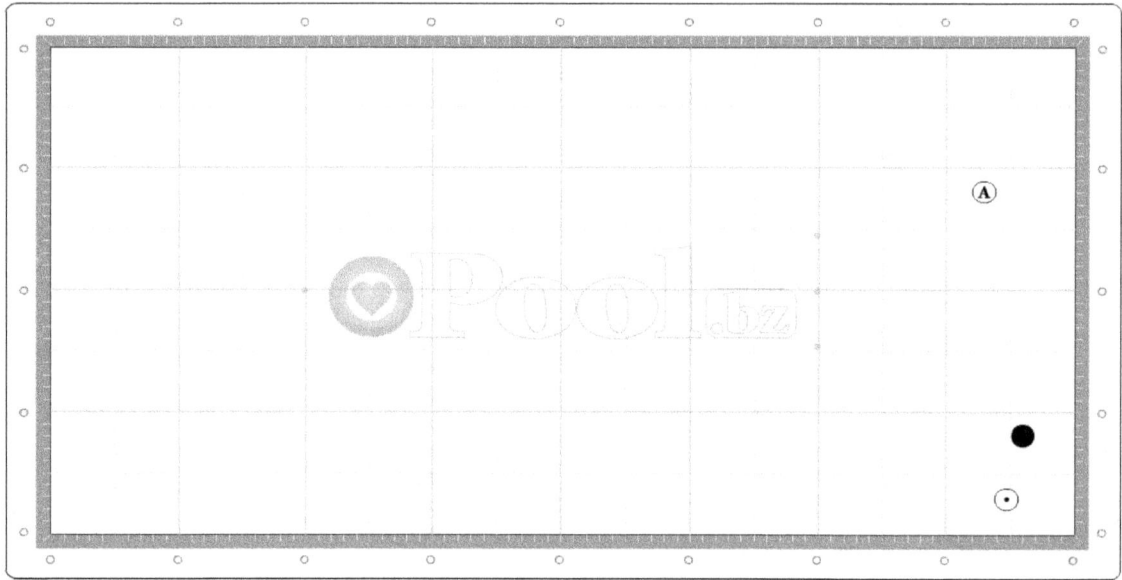

Huomautuksia ja ideoita:

Pallokuviota

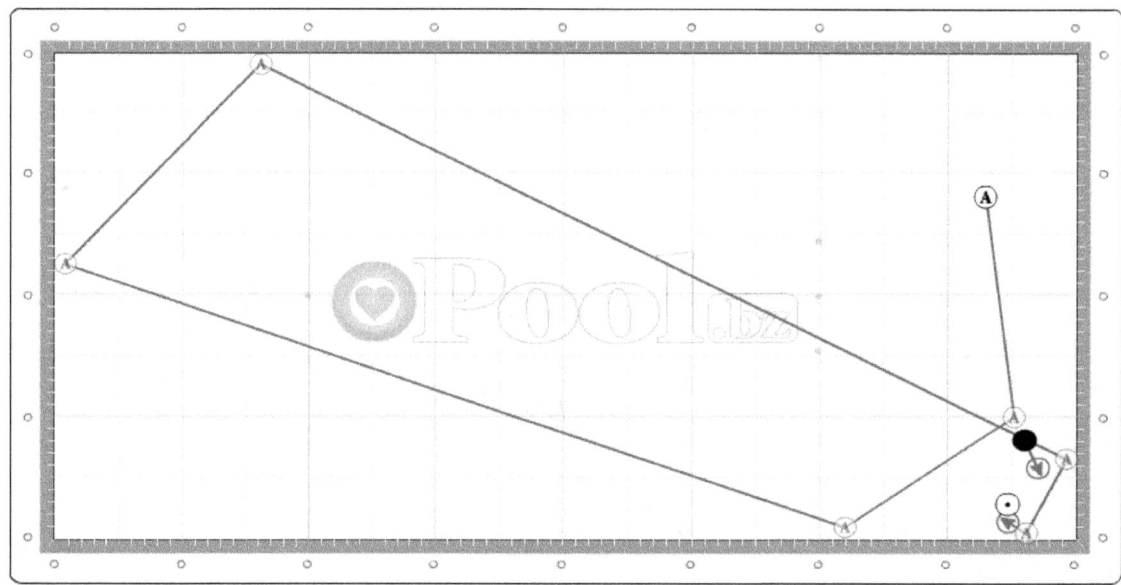

D:6c – Piirustus

Huomautuksia ja ideoita:

Pallokuviota

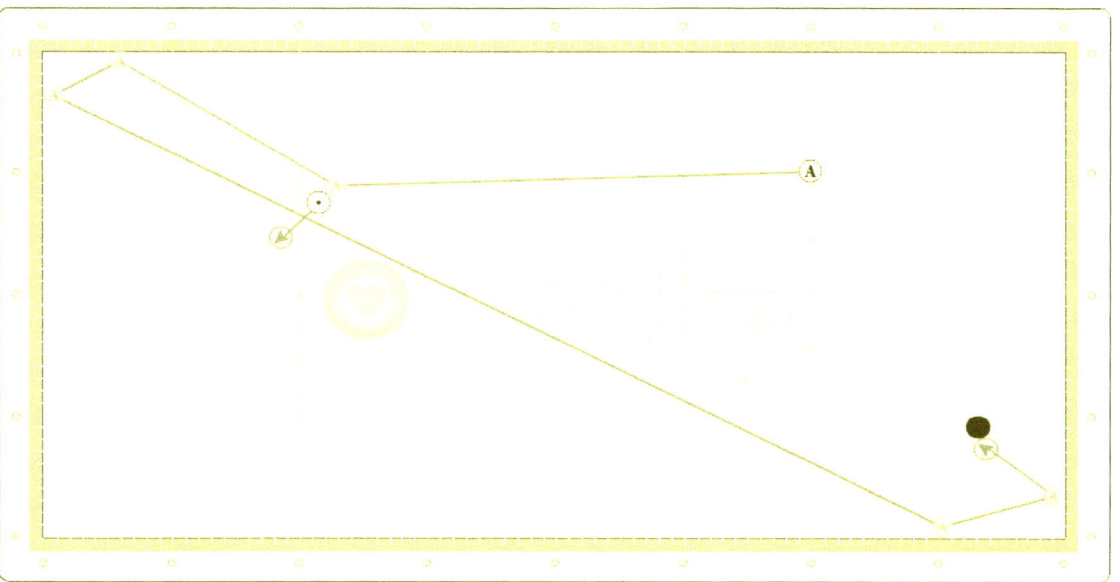

D:6d – Piirustus

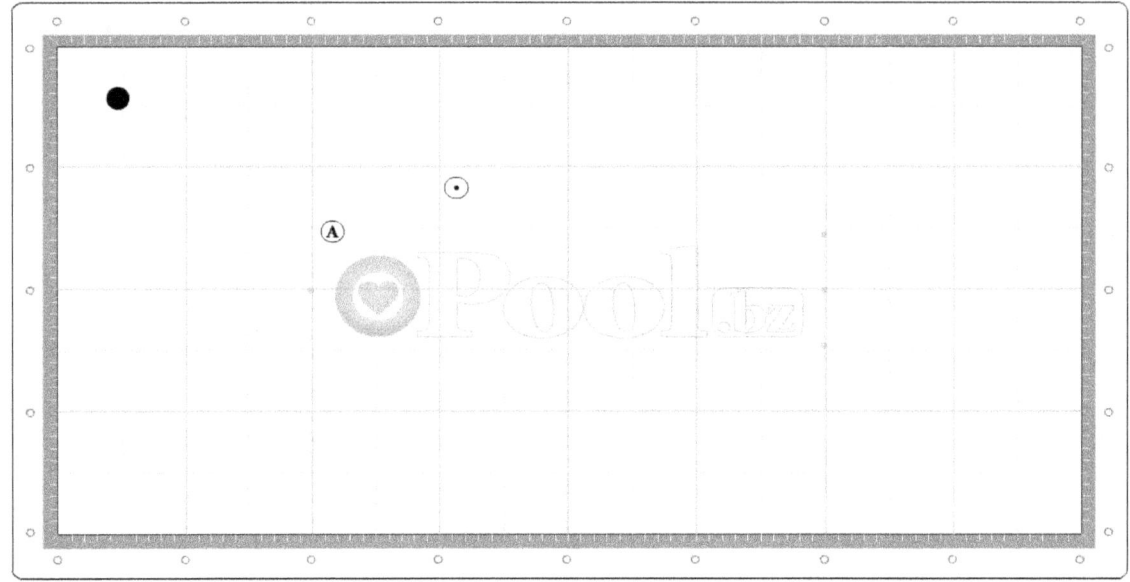

Huomautuksia ja ideoita:

Pallokuviota

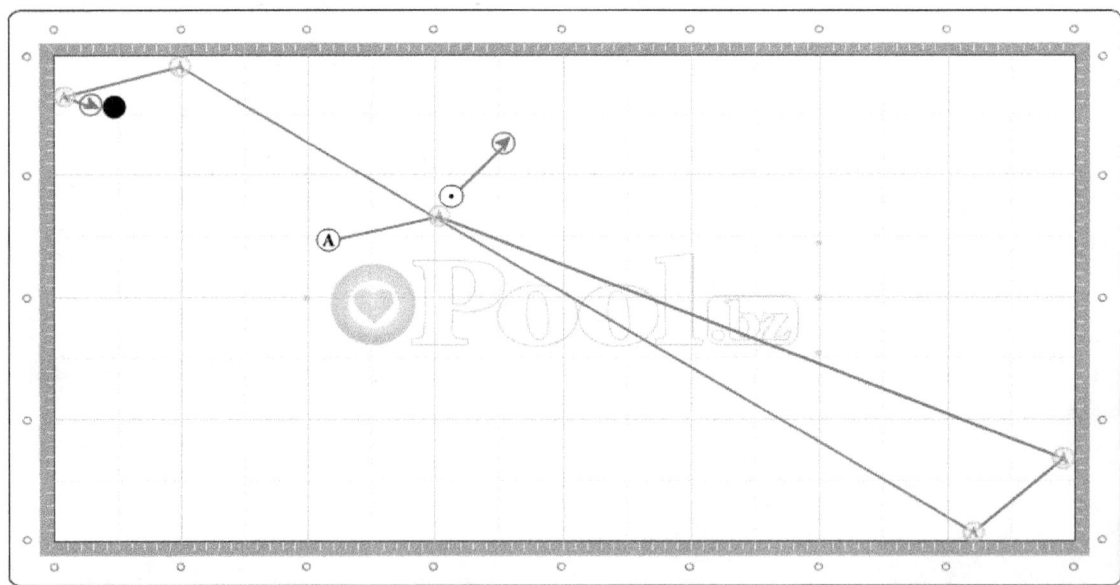

3-vallin kara: Diagonaalinen kulma kulmakuvioihin

D: Ryhmä 7

Analyysi:

D:7a. _____

D:7b. _____

D:7c. _____

D:7d. _____

D:7a – Piirustus

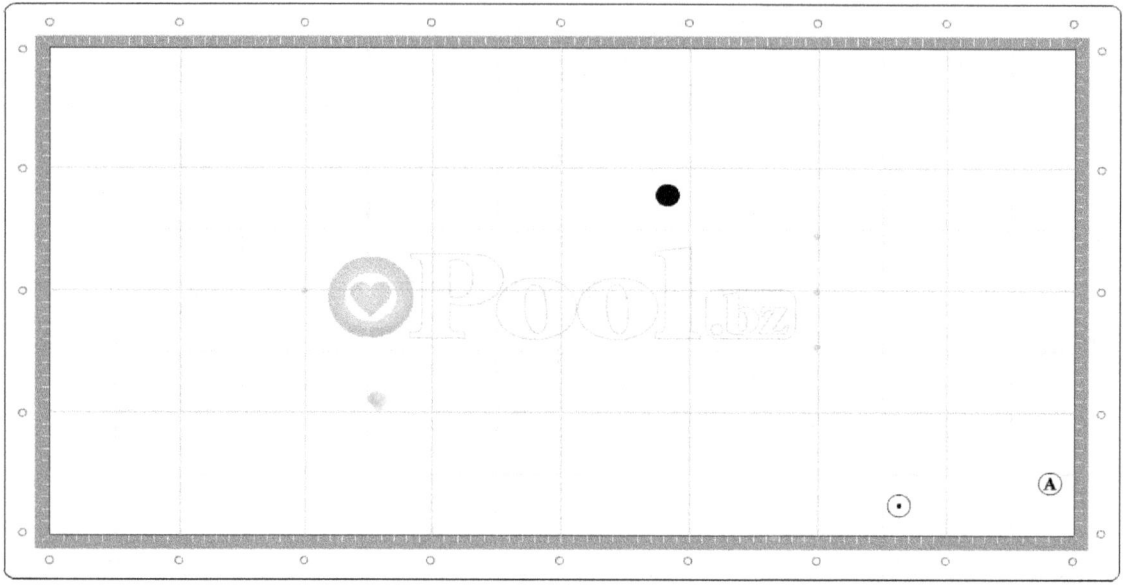

Huomautuksia ja ideoita:

Pallokuviota

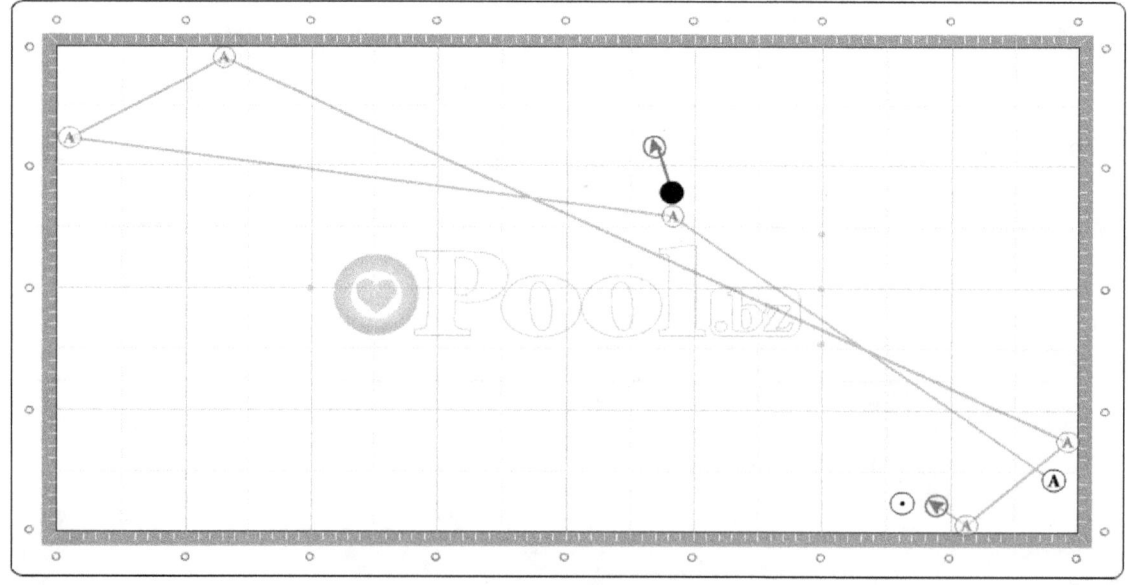

D:7b – Piirustus

Huomautuksia ja ideoita:

Pallokuviota

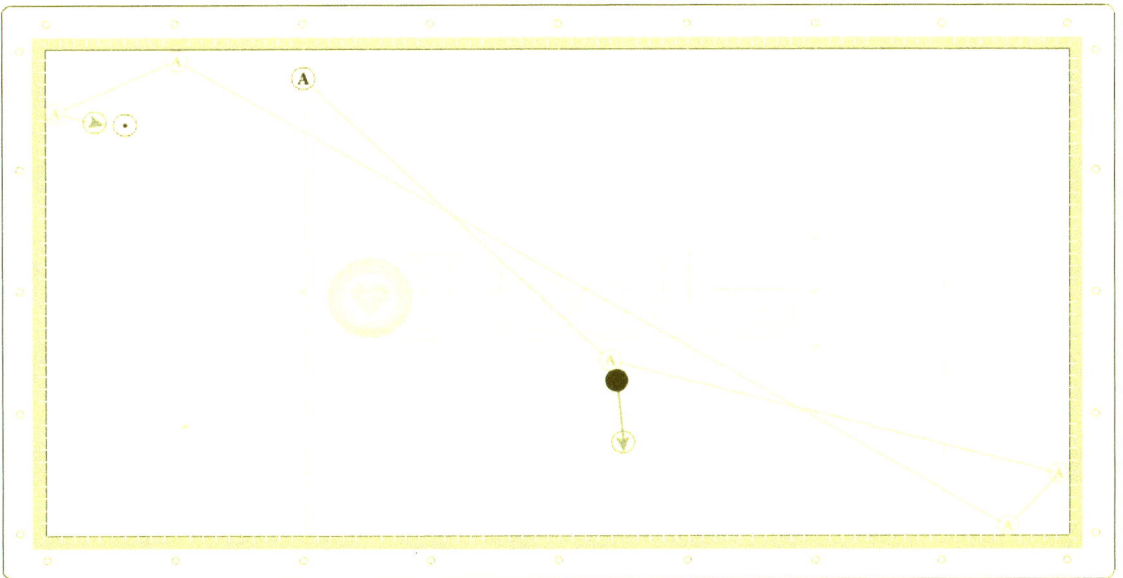

D:7c – Piirustus

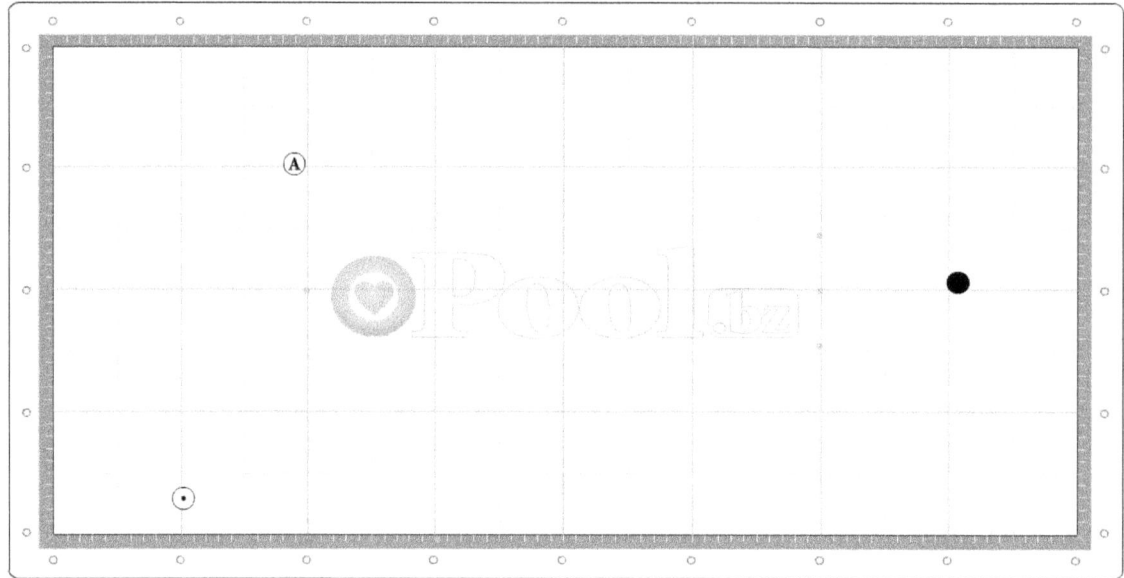

Huomautuksia ja ideoita:

Pallokuviota

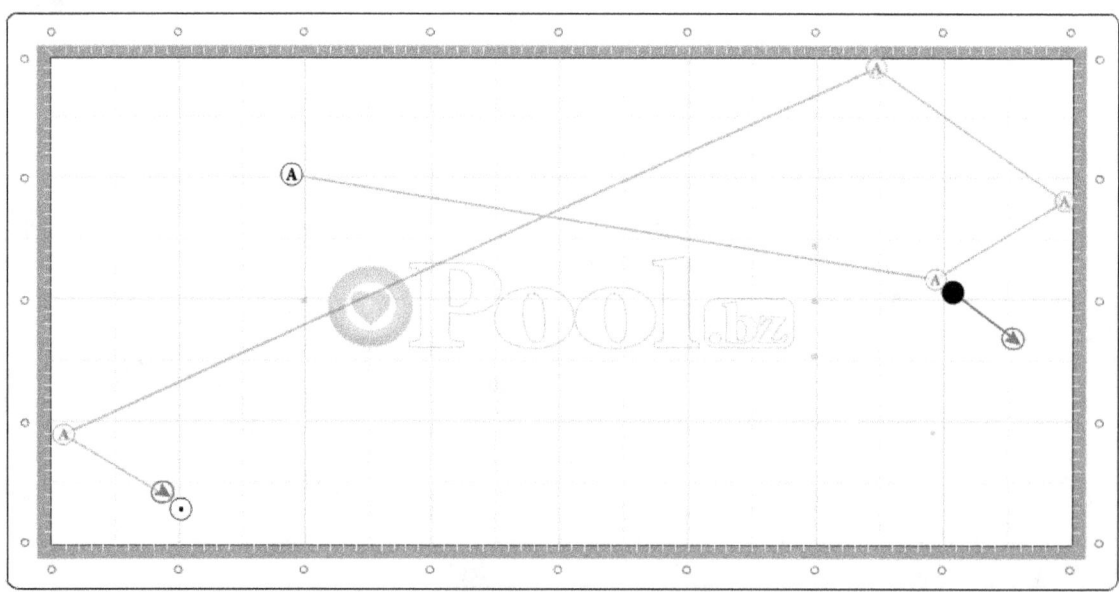

D:7d – Piirustus

Huomautuksia ja ideoita:

Pallokuviota

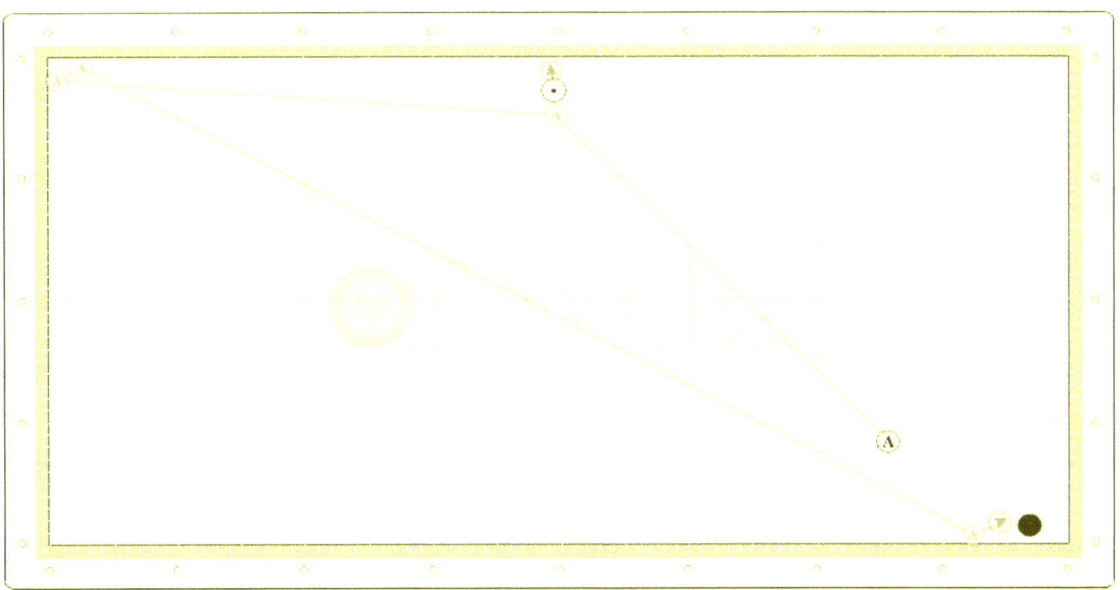

E: Kaksinkertainen lävistäjä, muunnettu

(CB) poistuu ensimmäisestä (OB) ja käynnistää diagonaalikuvan. (CB) kulkee nurkkaan ja palaa sitten diagonaalisella reitillä saadakseen kosketuksen toisen (OB) kanssa.

Ⓐ (CB) (sinun biljardipallo) – ◉ (OB) (vastustaja biljardipallo) – ● (OB) (punainen biljardipallo)

E: Ryhmä 1

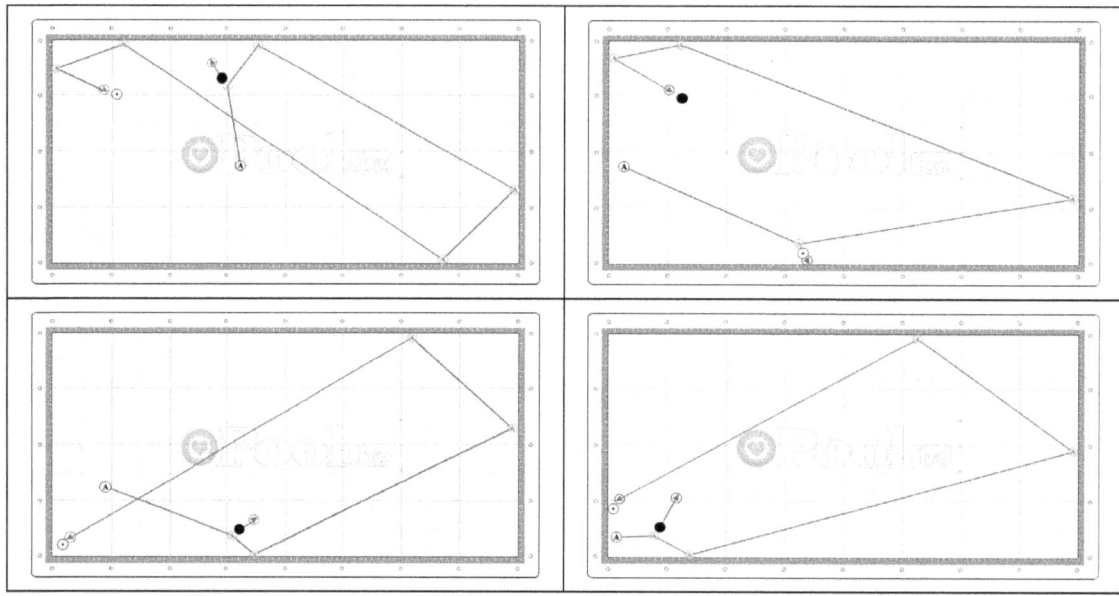

Analyysi:

E:1a. _____

E:1b. _____

E:1c. _____

E:1d. _____

3-vallin kara: Diagonaalinen kulma kulmakuvioihin

E:1a – Piirustus

Huomautuksia ja ideoita:

Pallokuviota

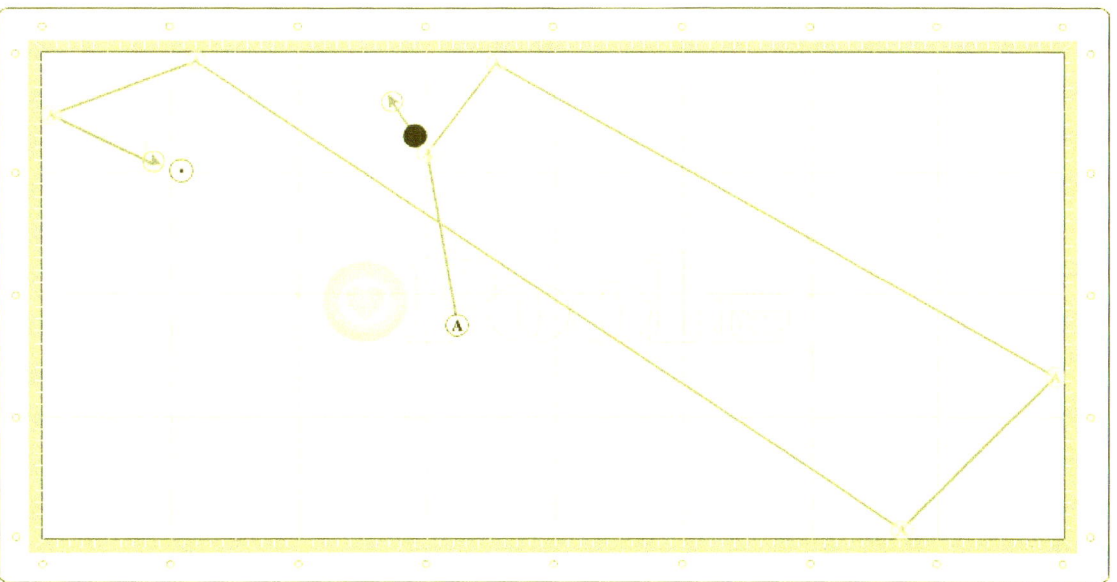

E:1b – Piirustus

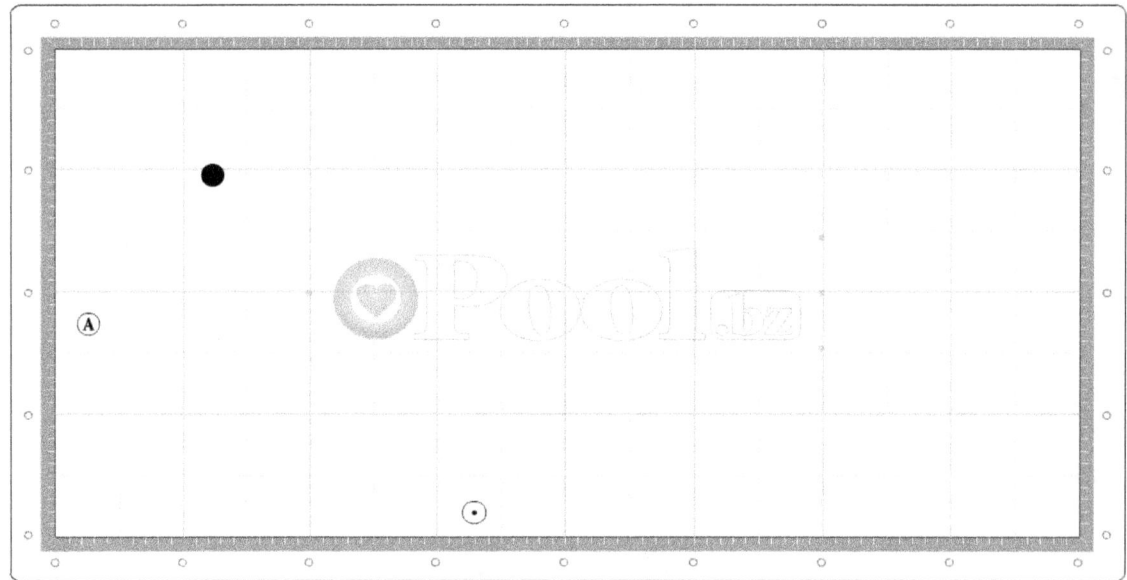

Huomautuksia ja ideoita:

Pallokuviota

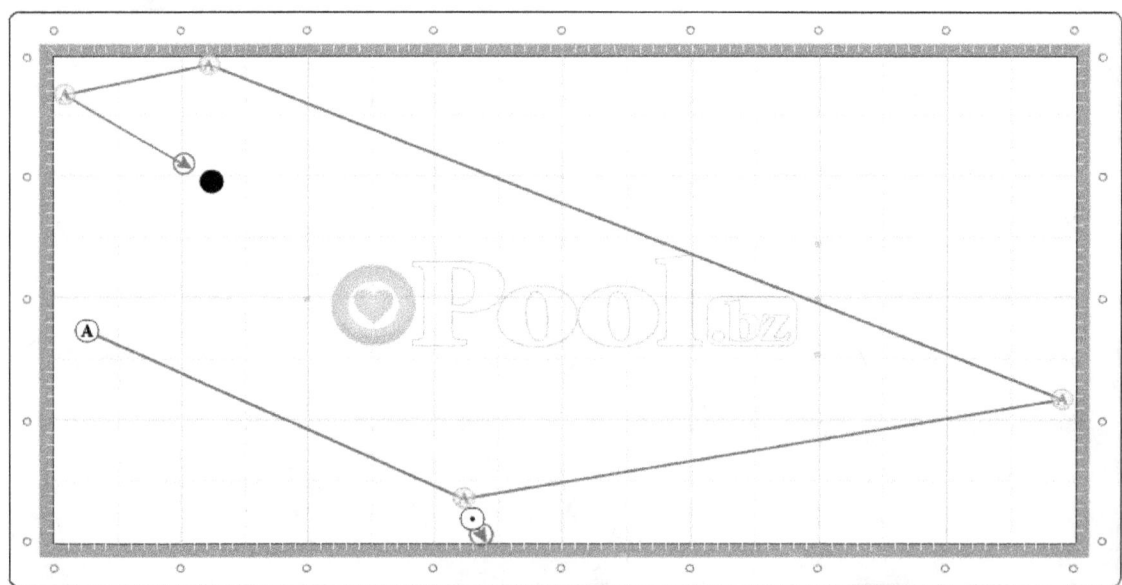

E:1c – Piirustus

Huomautuksia ja ideoita:

Pallokuviota

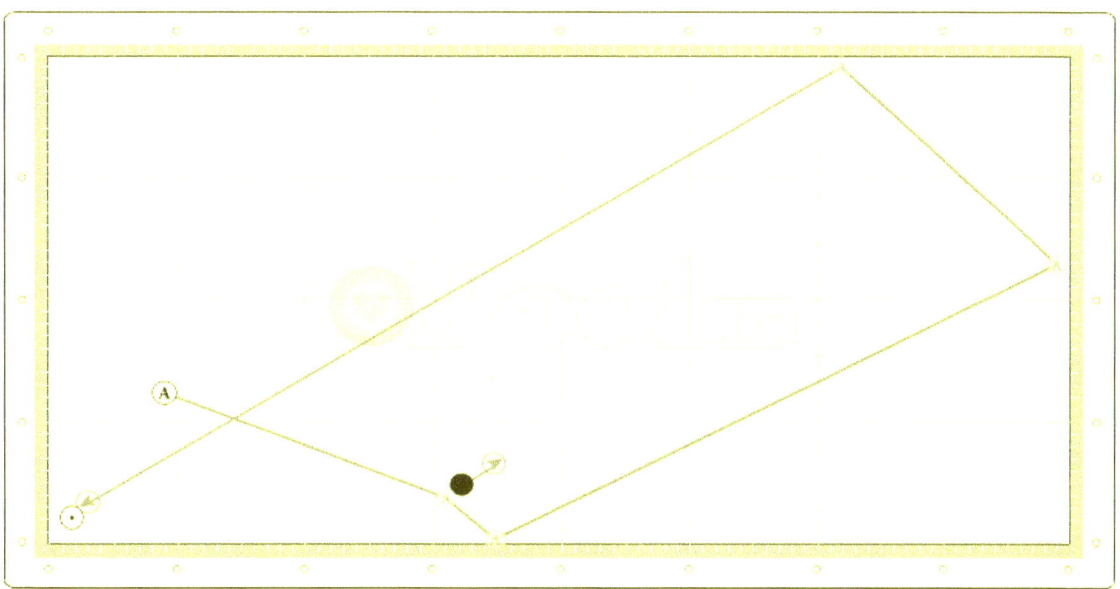

E:1d – Piirustus

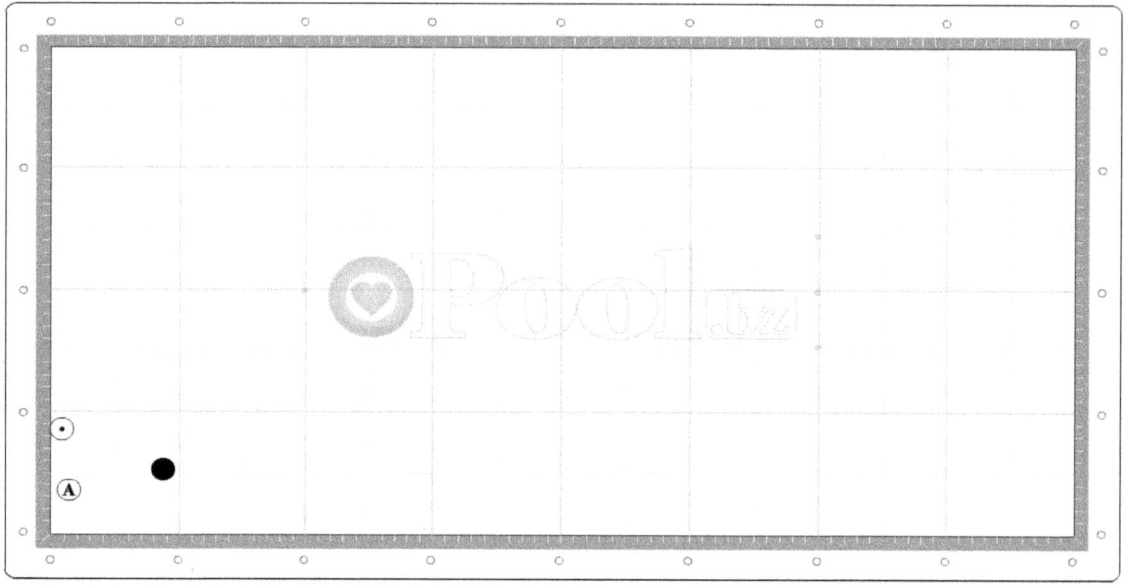

Huomautuksia ja ideoita:

Pallokuviota

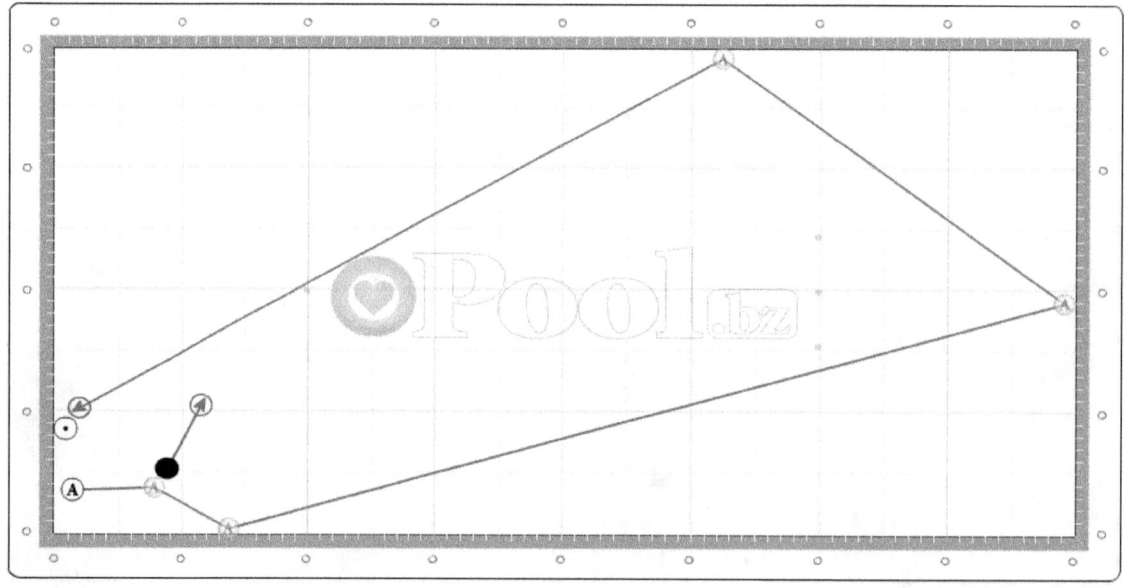

E: Ryhmä 2

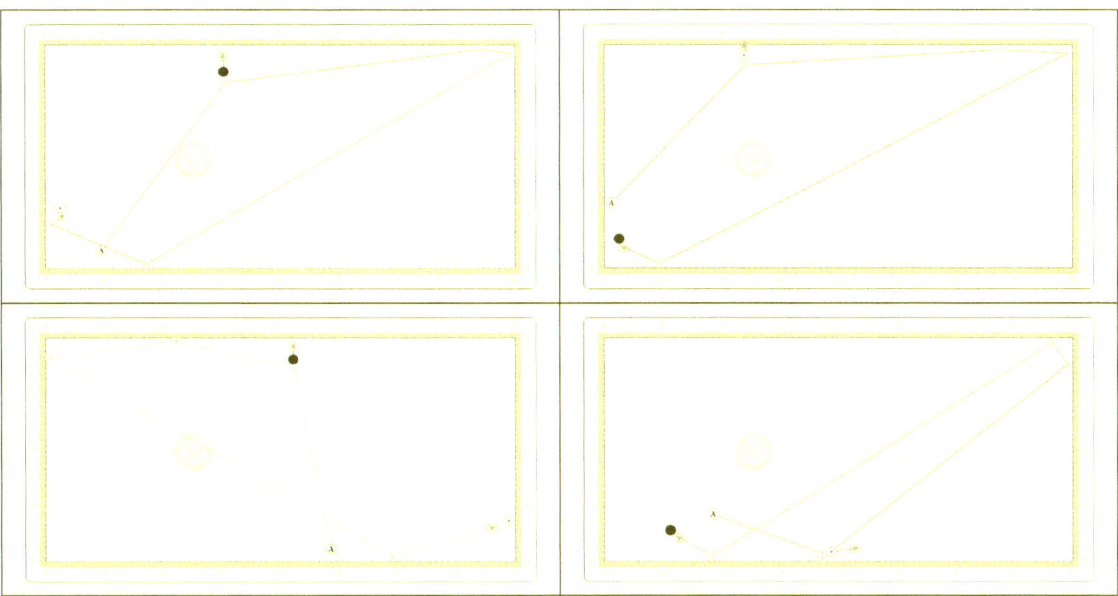

Analyysi:

E:2a. _____

E:2b. _____

E:2c. _____

E:2d. _____

E:2a – Piirustus

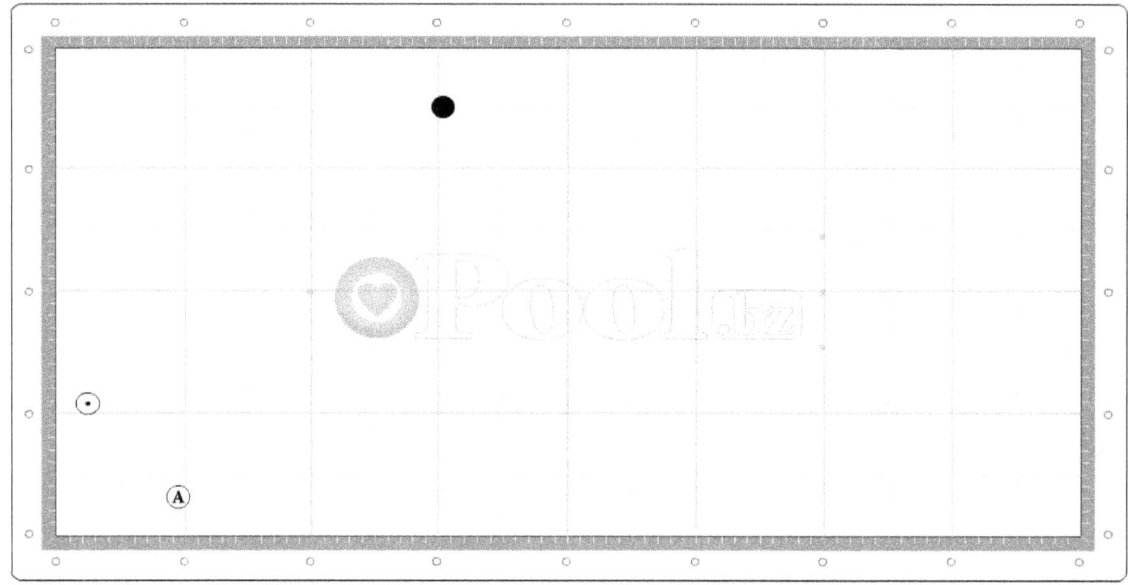

Huomautuksia ja ideoita:

Pallokuviota

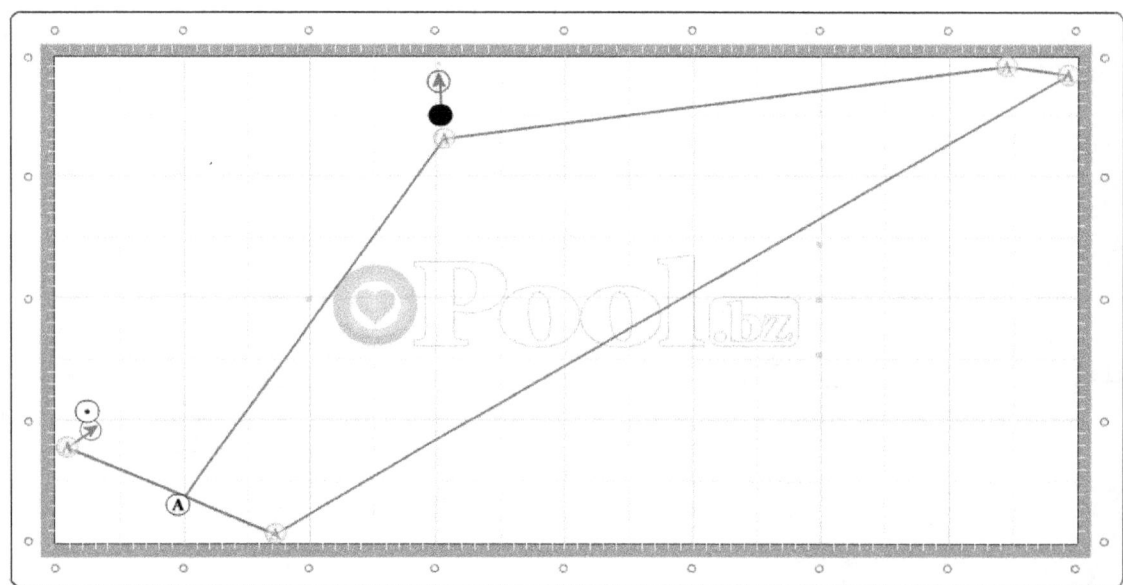

E:2b – Piirustus

Huomautuksia ja ideoita:

Pallokuviota

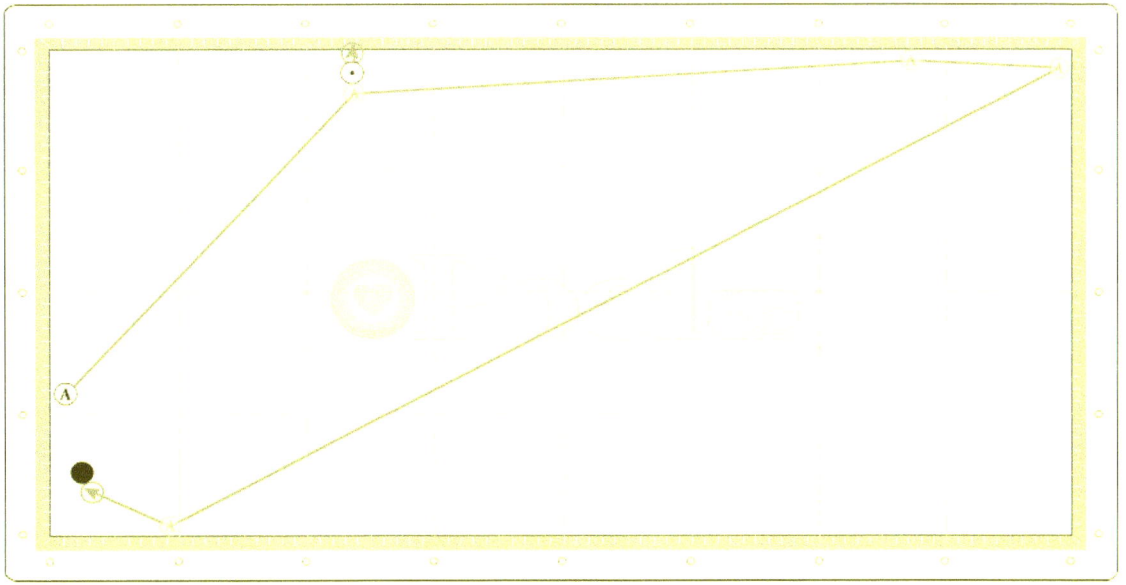

E:2c – Piirustus

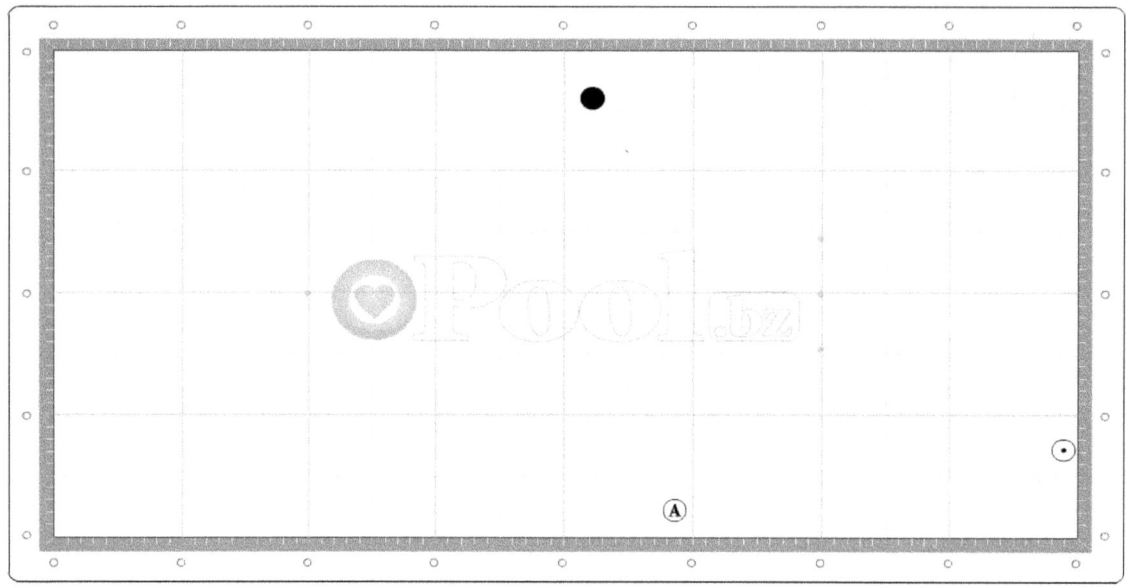

Huomautuksia ja ideoita:

Pallokuviota

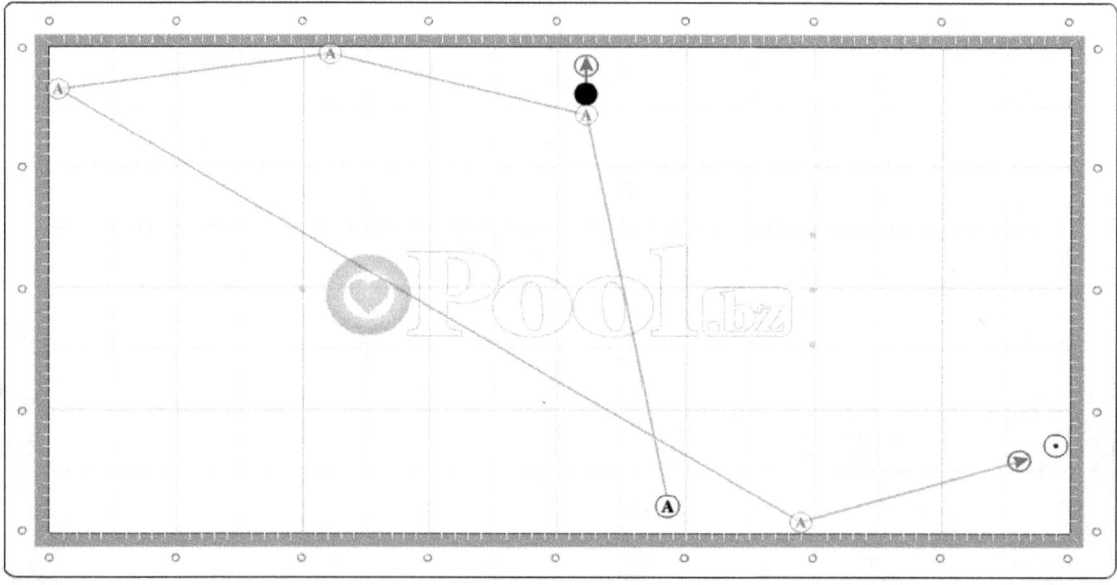

E:2d – Piirustus

Huomautuksia ja ideoita:

Pallokuviota

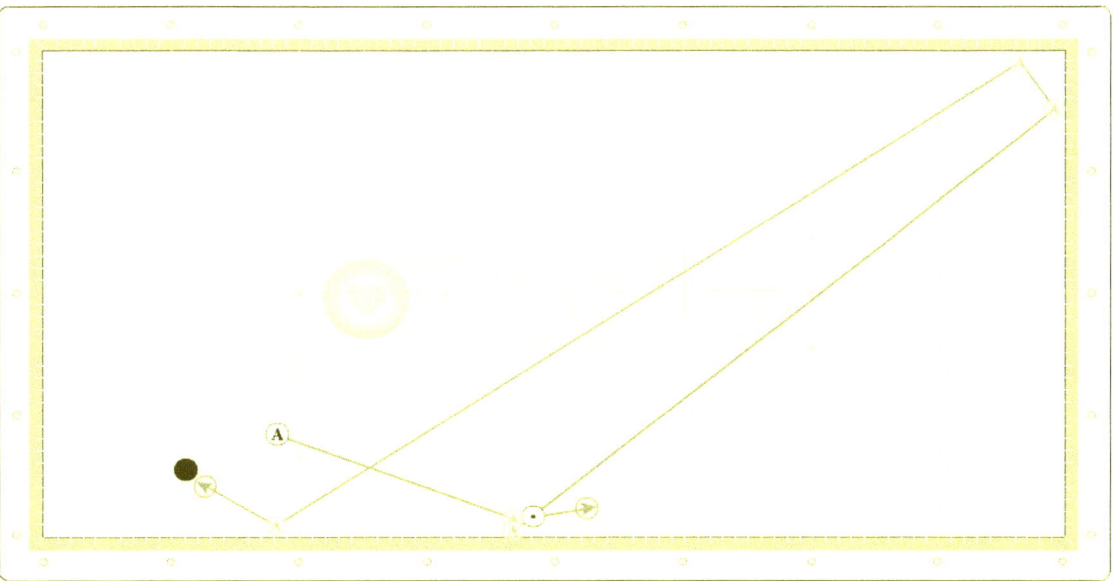

E: Ryhmä 3

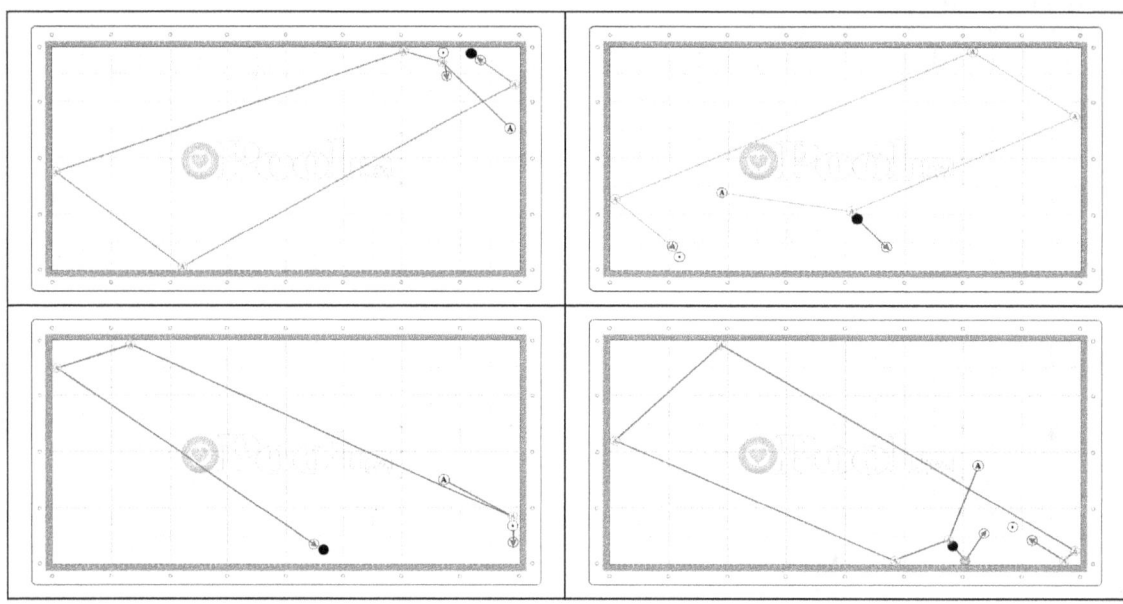

Analyysi:

E:3a. _____

E:3b. _____

E:3c. _____

E:3d. _____

E:3a – Piirustus

Huomautuksia ja ideoita:

Pallokuviota

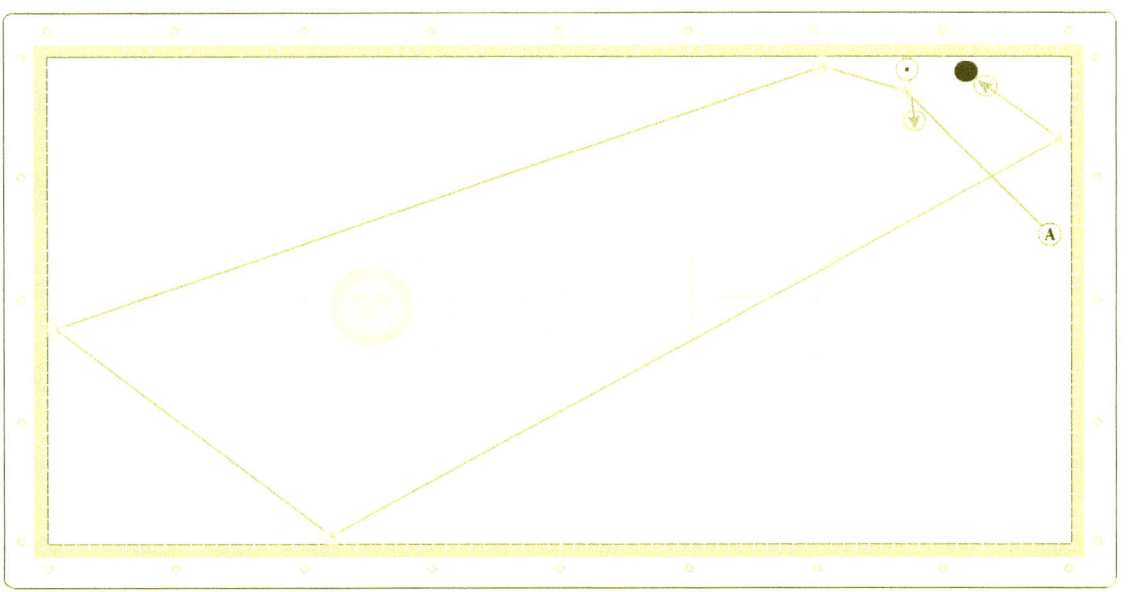

E:3b – Piirustus

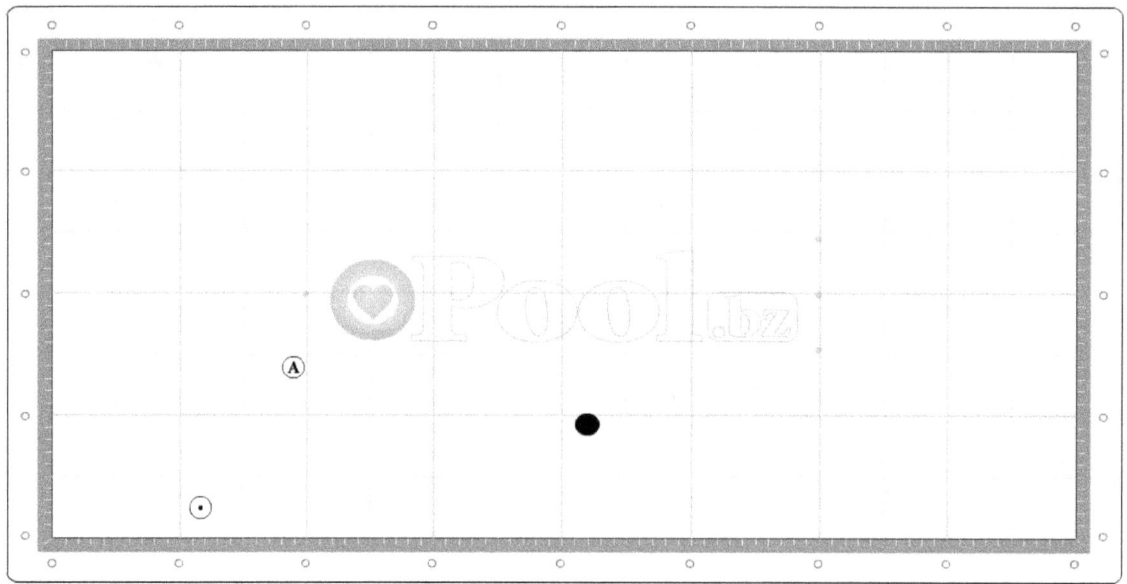

Huomautuksia ja ideoita:

Pallokuviota

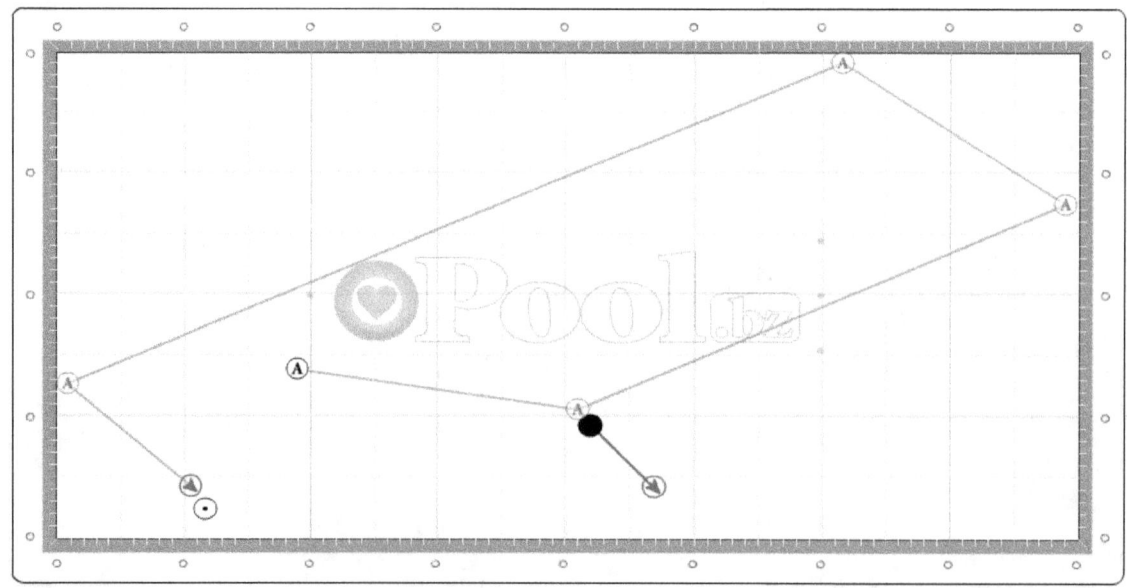

3-vallin kara: Diagonaalinen kulma kulmakuvioihin

E:3c – Piirustus

Huomautuksia ja ideoita:

Pallokuviota

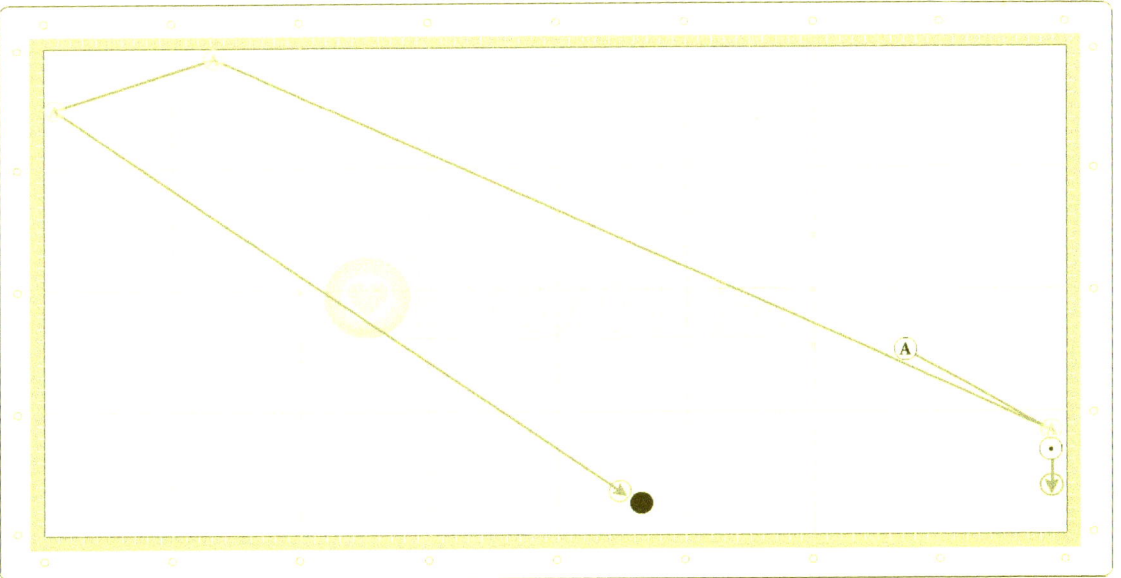

E:3d – Piirustus

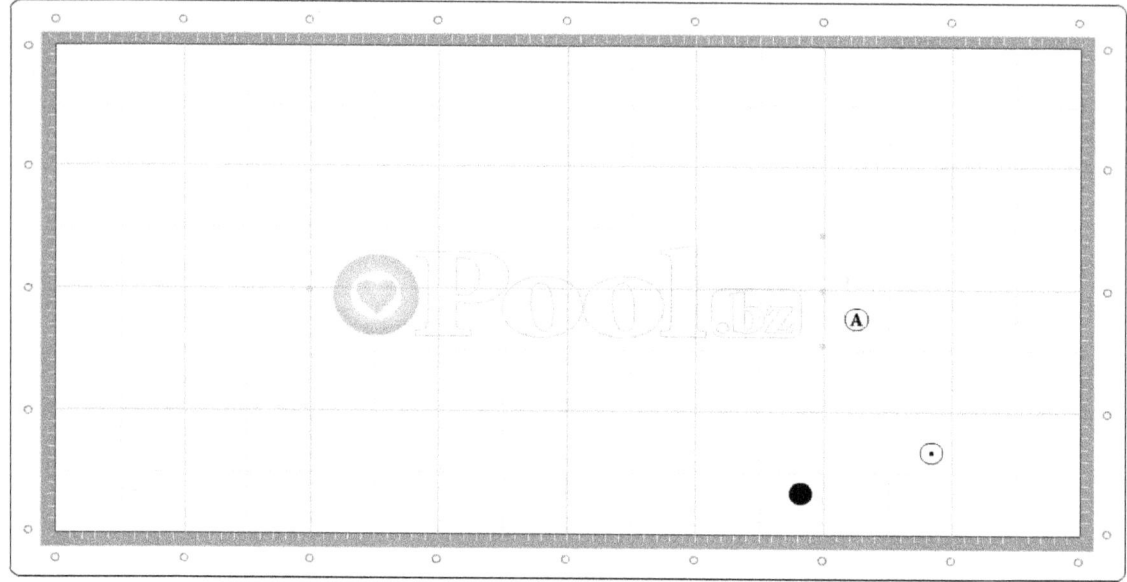

Huomautuksia ja ideoita:

Pallokuviota

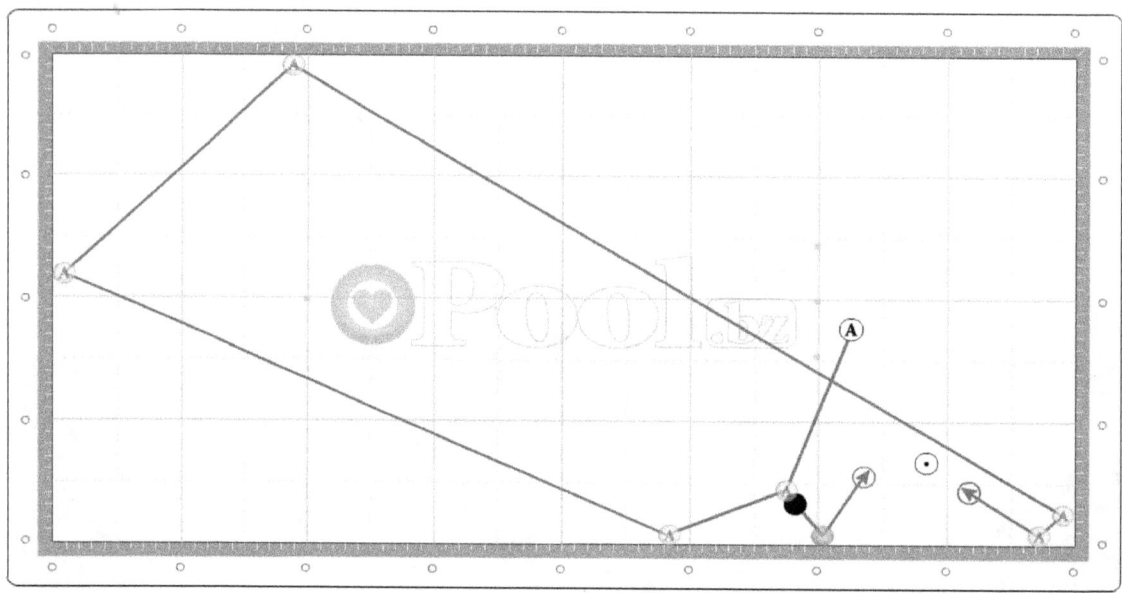

3-vallin kara: Diagonaalinen kulma kulmakuvioihin

E: Ryhmä 4

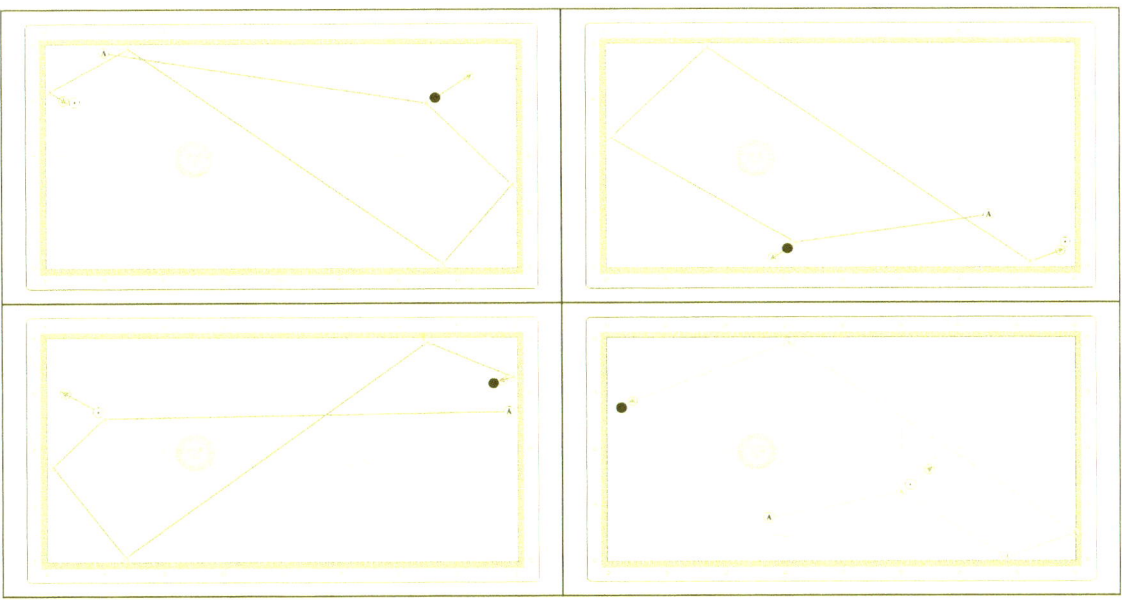

Analyysi:

E:4a. _____

E:4b. _____

E:4c. _____

E:4d. _____

E:4a – Piirustus

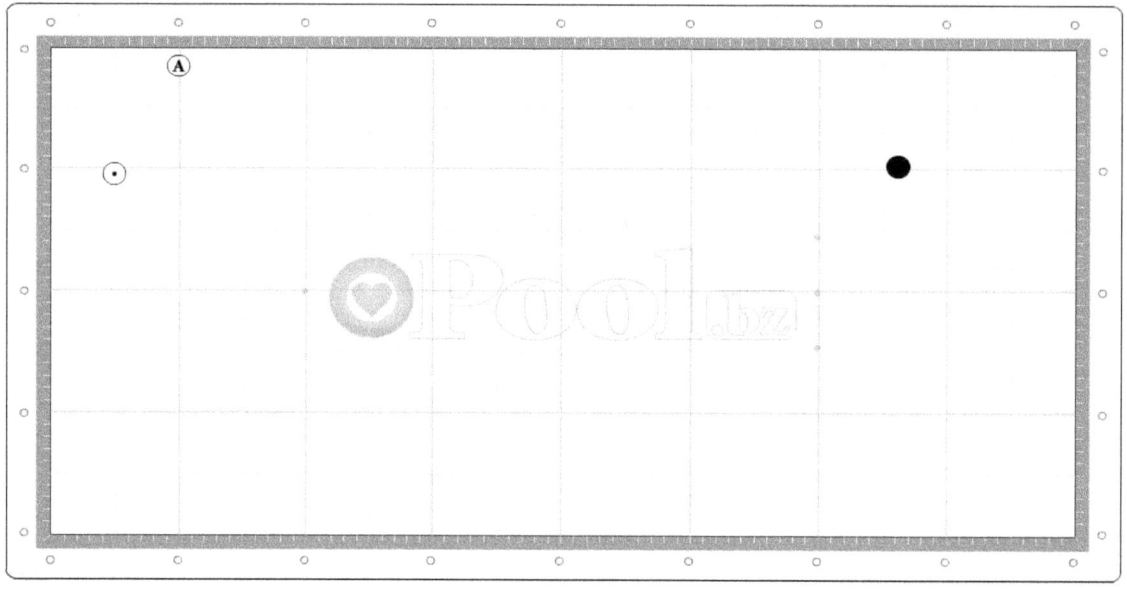

Huomautuksia ja ideoita:

Pallokuviota

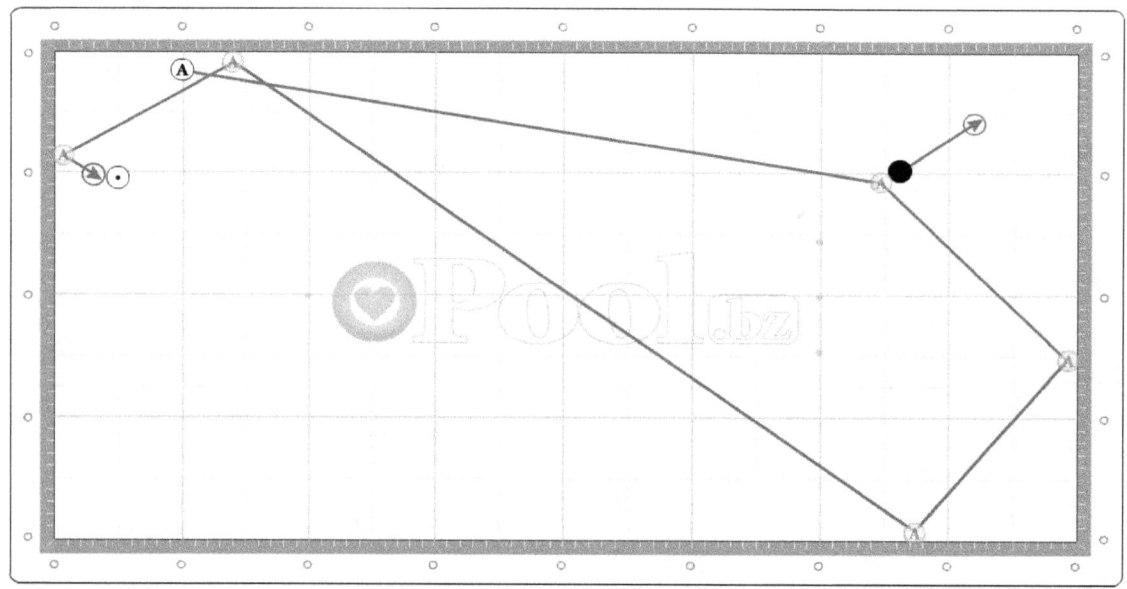

3-vallin kara: Diagonaalinen kulma kulmakuvioihin

E:4b – Piirustus

Huomautuksia ja ideoita:

Pallokuviota

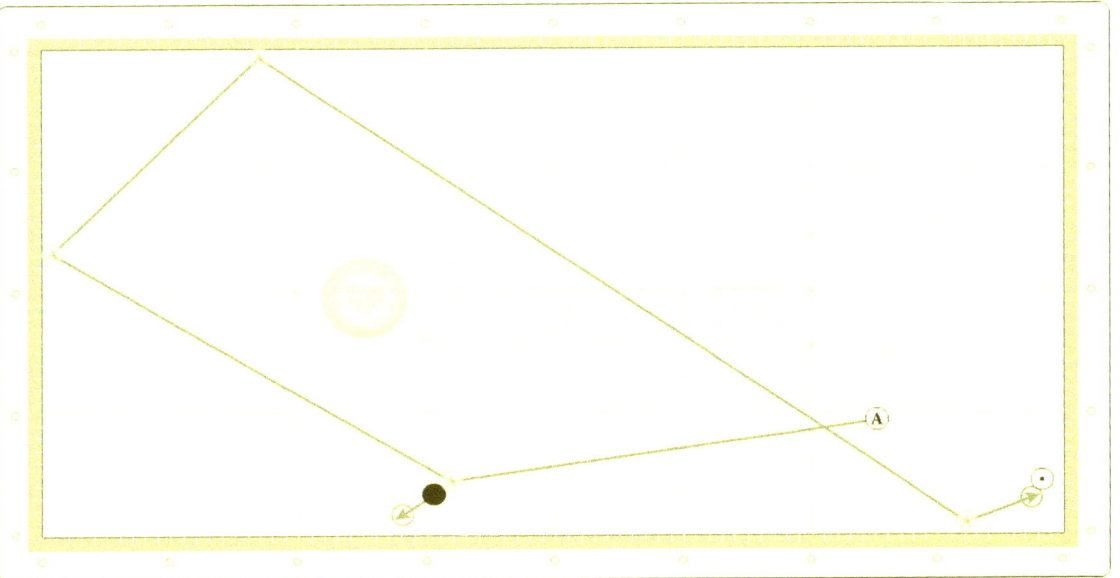

E:4c – Piirustus

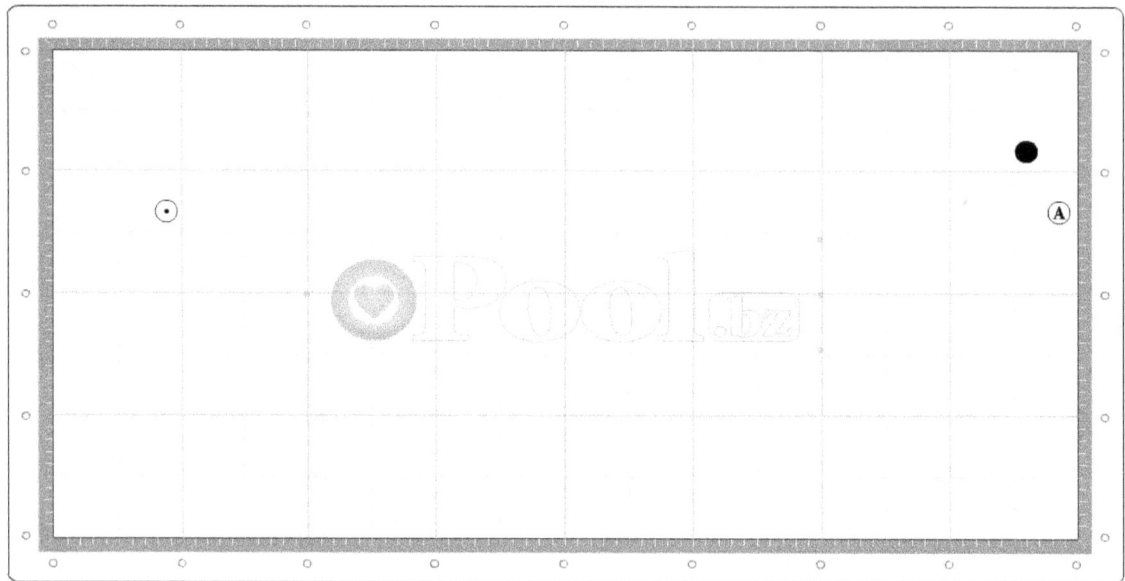

Huomautuksia ja ideoita:

Pallokuviota

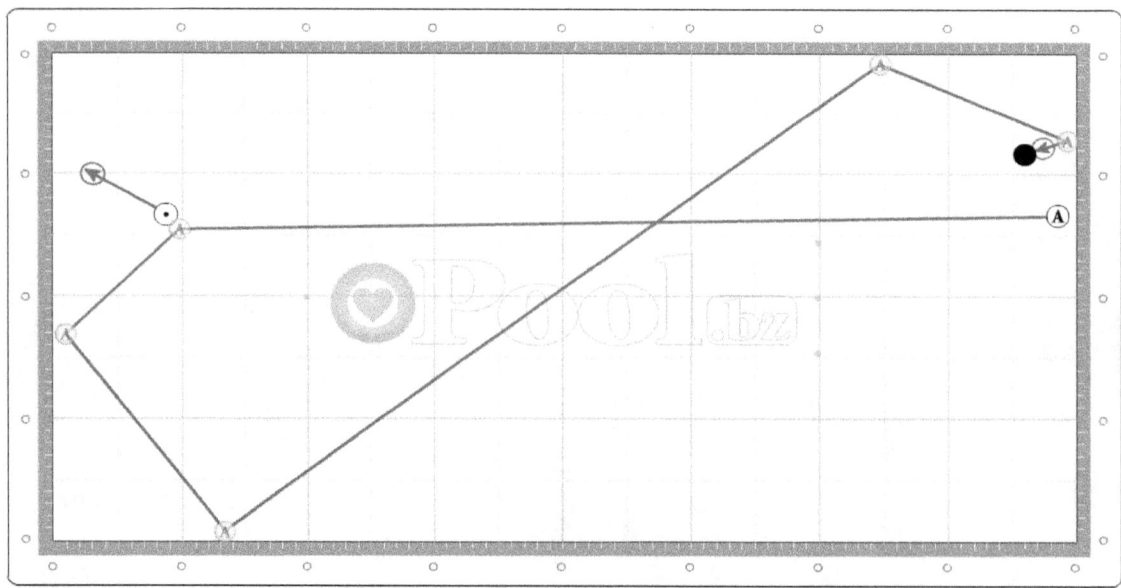

E:4d – Piirustus

Huomautuksia ja ideoita:

Pallokuviota

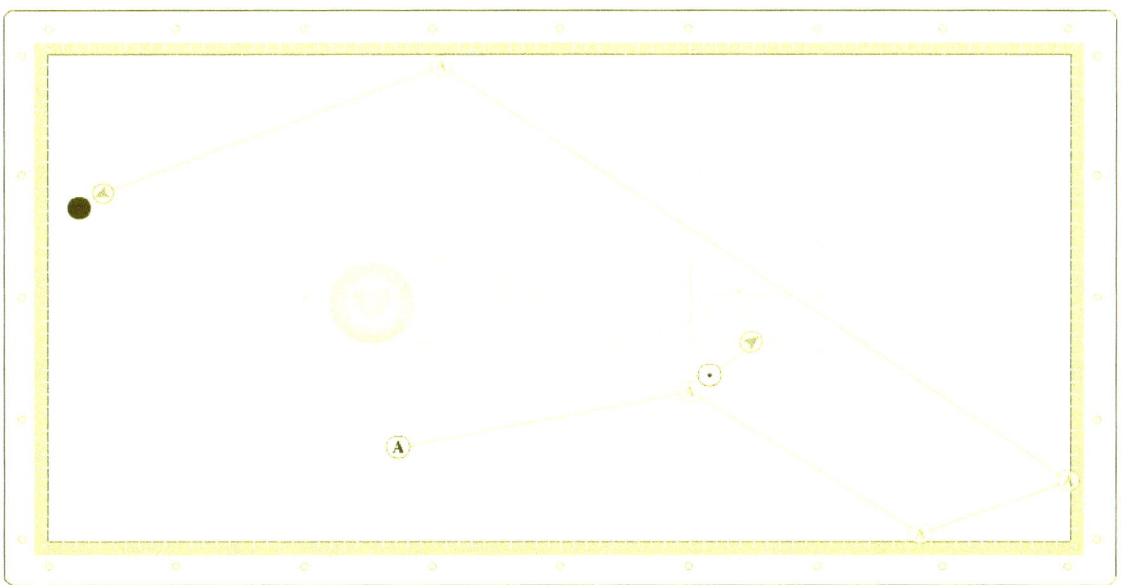

E: Ryhmä 5

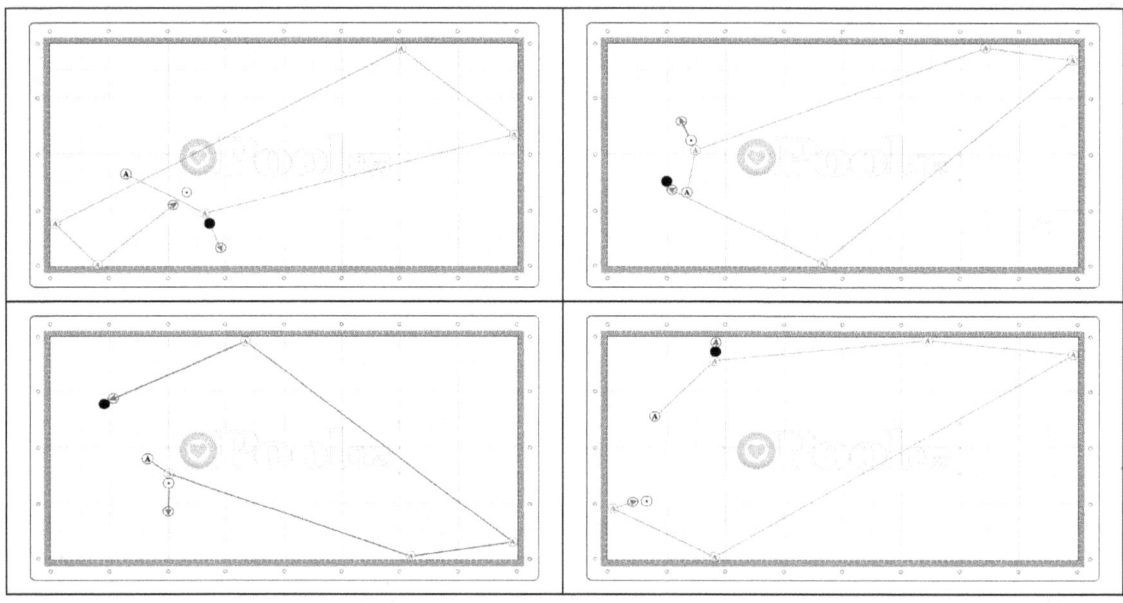

Analyysi:

E:5a. _____

E:5b. _____

E:5c. _____

E:5d. _____

3-vallin kara: Diagonaalinen kulma kulmakuvioihin

E:5a – Piirustus

Huomautuksia ja ideoita:

Pallokuviota

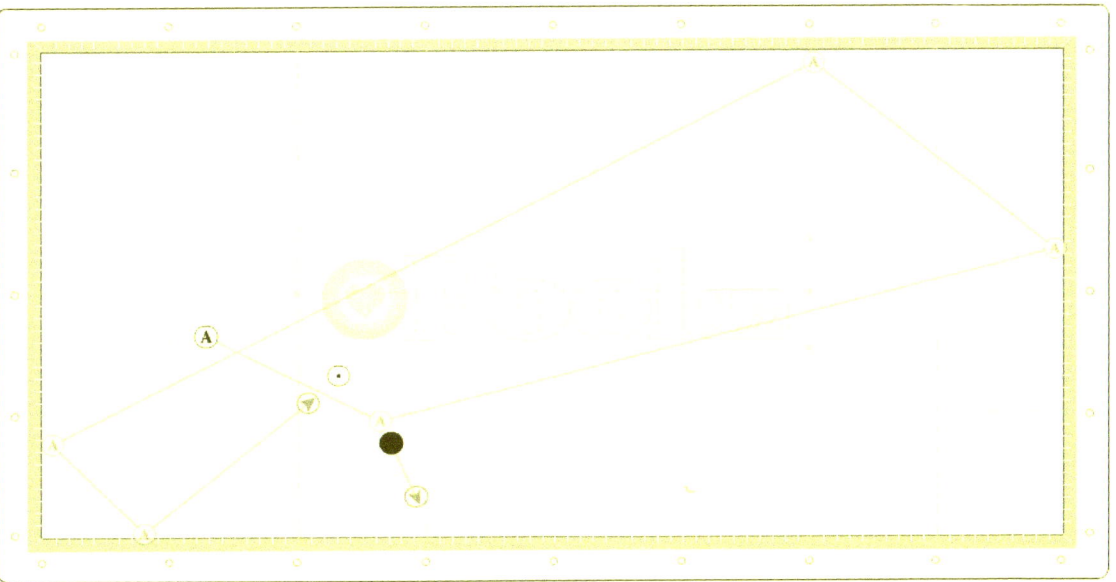

E:5b – Piirustus

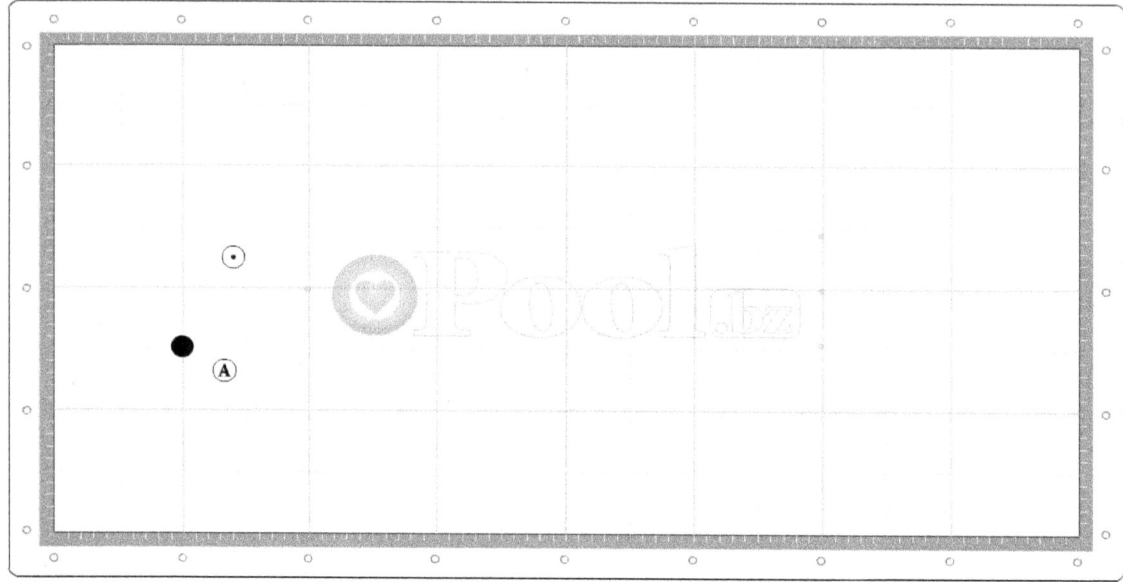

Huomautuksia ja ideoita:

Pallokuviota

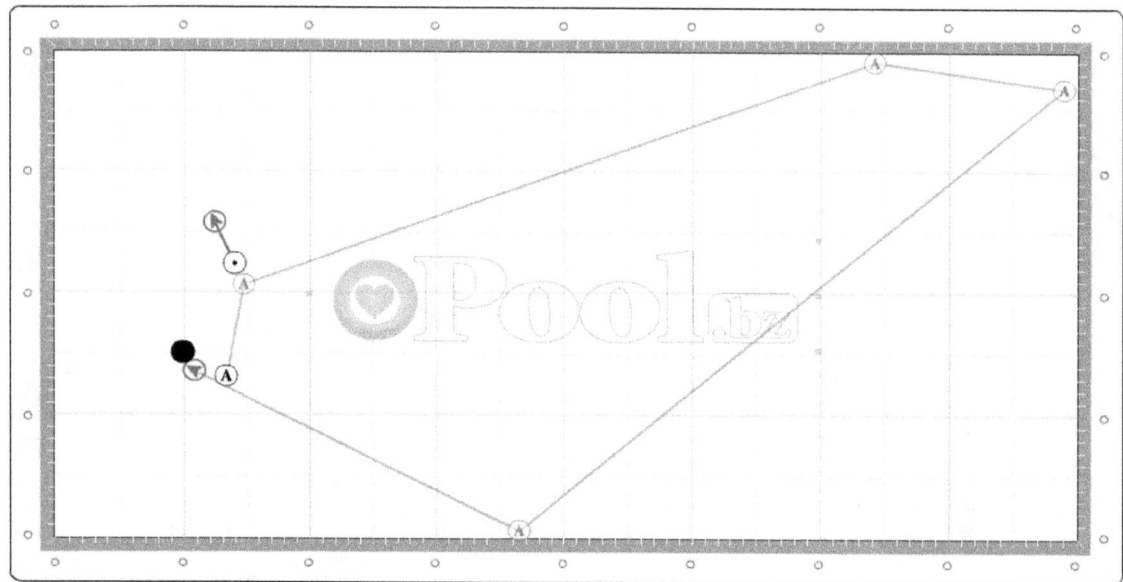

E:5c – Piirustus

Huomautuksia ja ideoita:

Pallokuviota

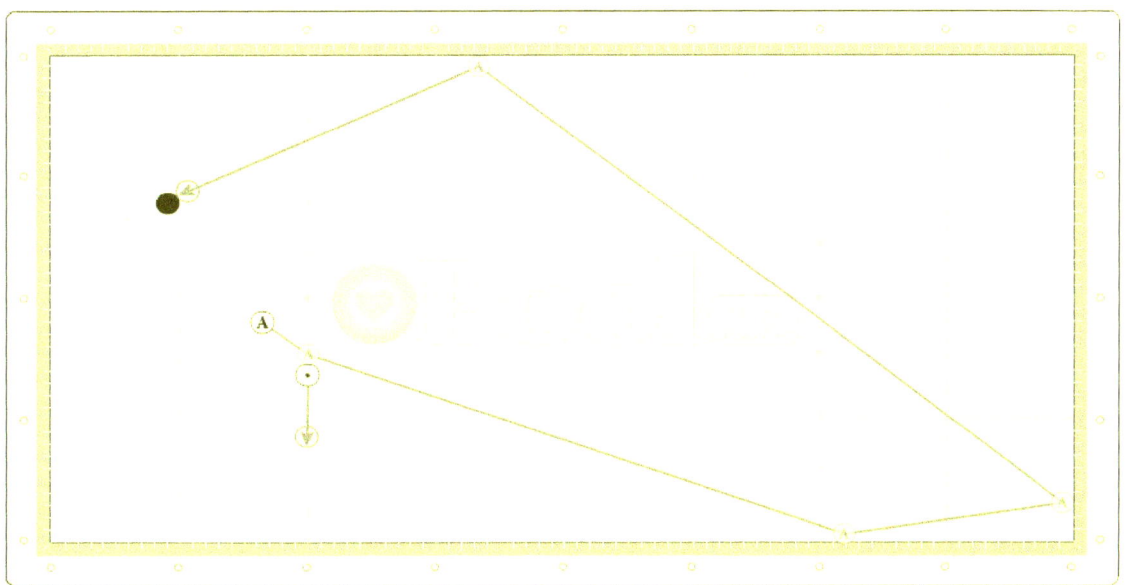

E:5d – Piirustus

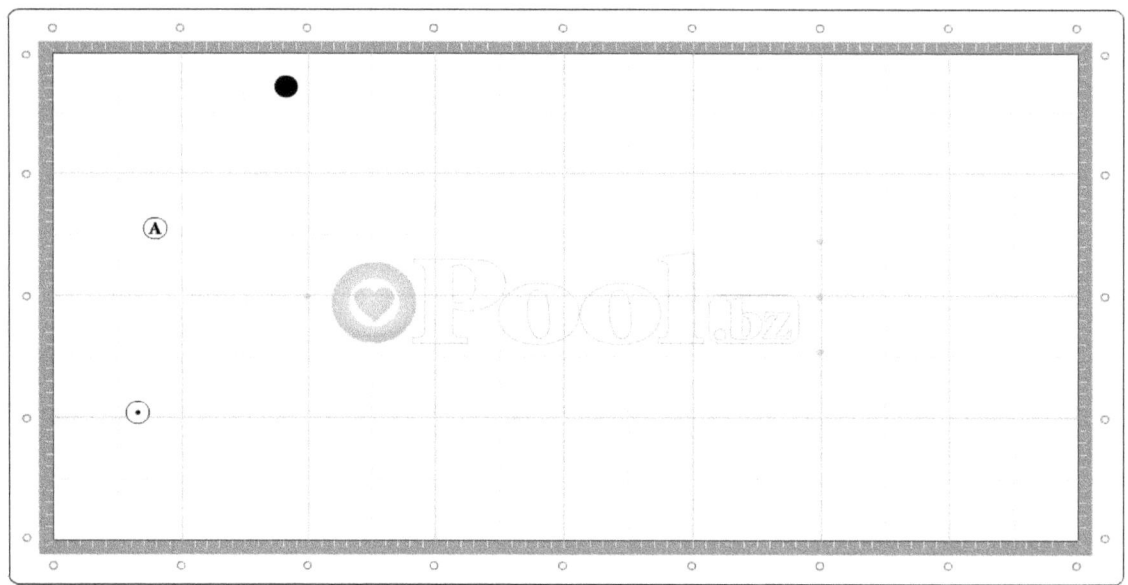

Huomautuksia ja ideoita:

Pallokuviota

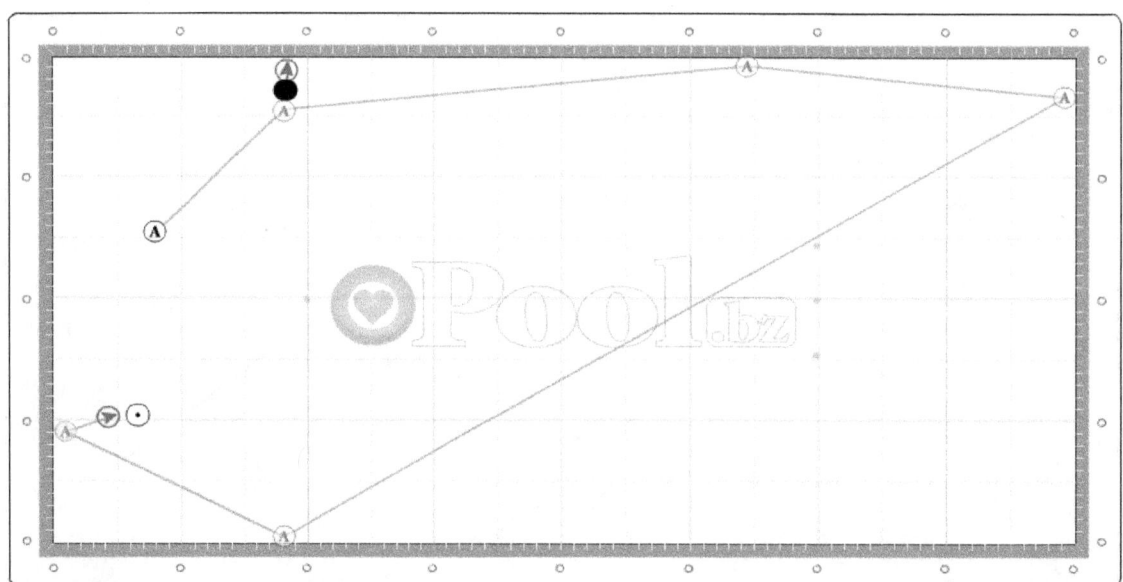

3-vallin kara: Diagonaalinen kulma kulmakuvioihin

E: Ryhmä 6

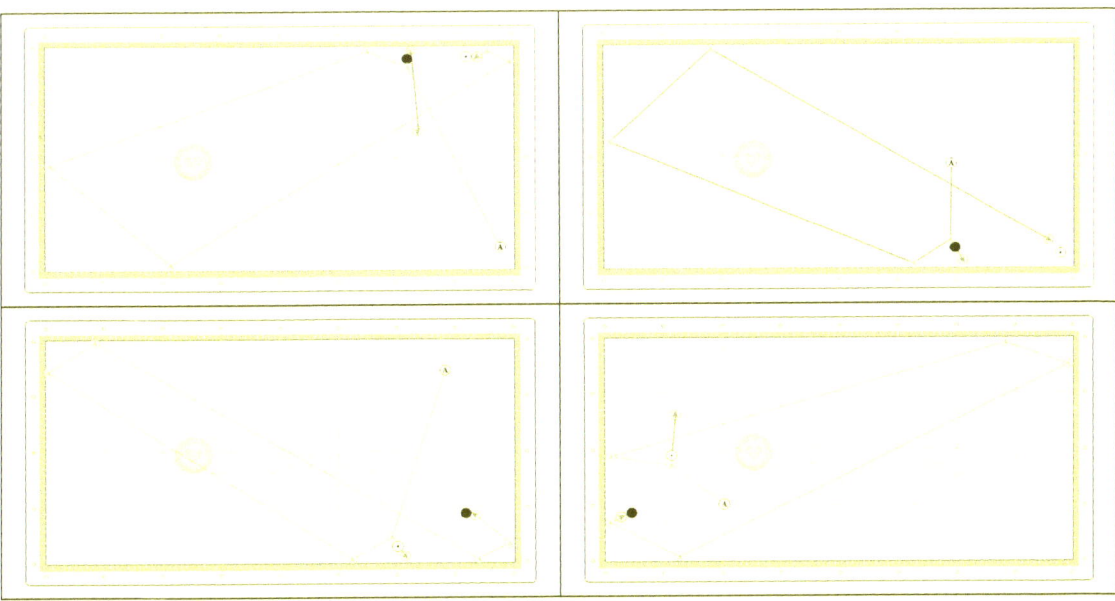

Analyysi:

E:6a. _____

E:6b. _____

E:6c. _____

E:6d. _____

3-vallin kara: Diagonaalinen kulma kulmakuvioihin

E:6a – Piirustus

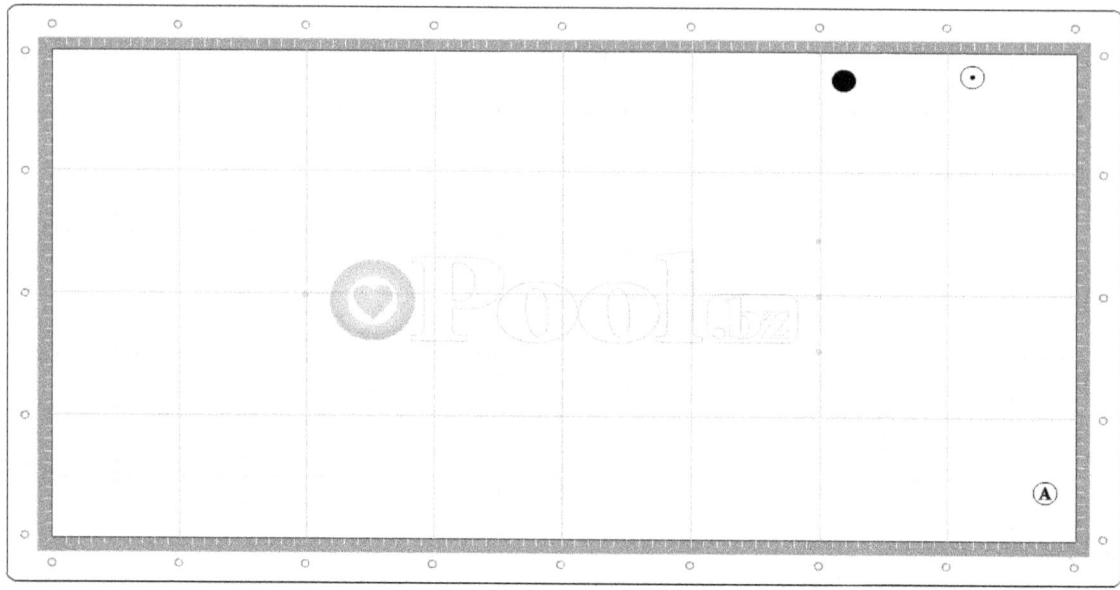

Huomautuksia ja ideoita:

Pallokuviota

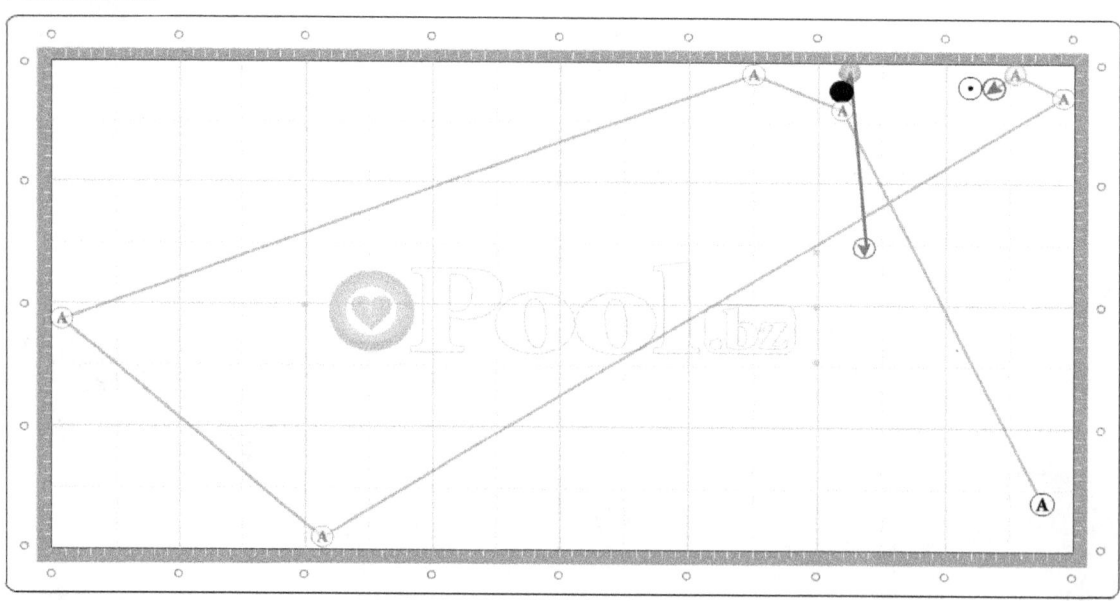

E:6b – Piirustus

Huomautuksia ja ideoita:

Pallokuviota

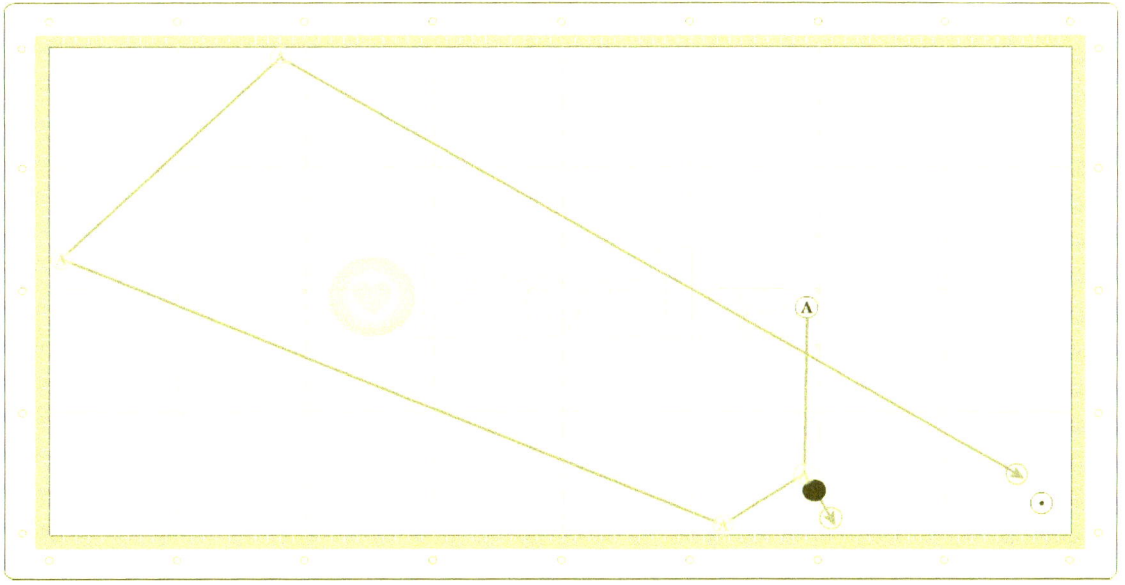

E:6c – Piirustus

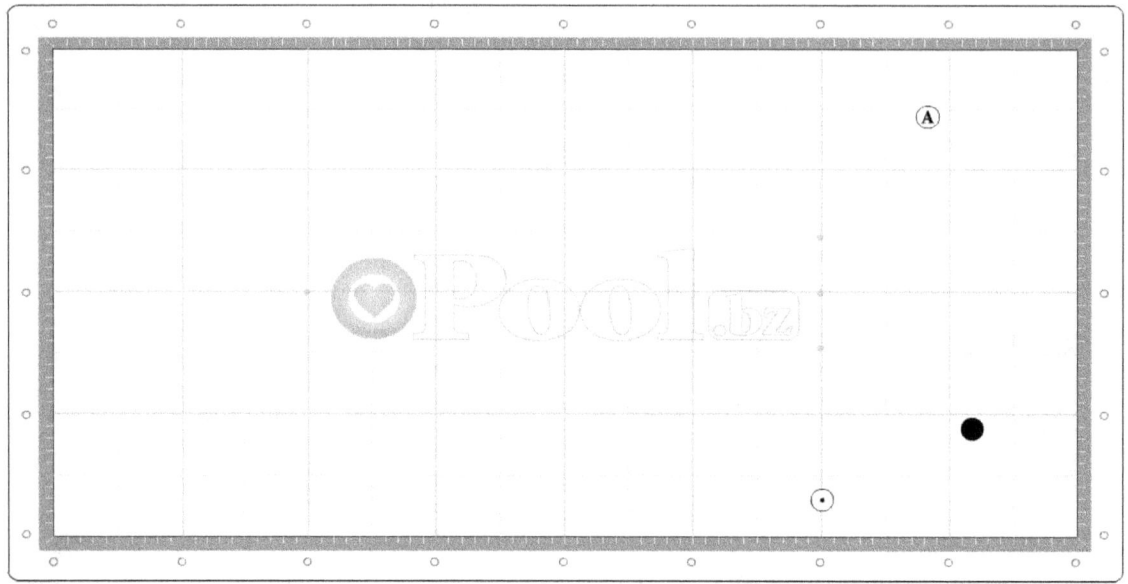

Huomautuksia ja ideoita:

Pallokuviota

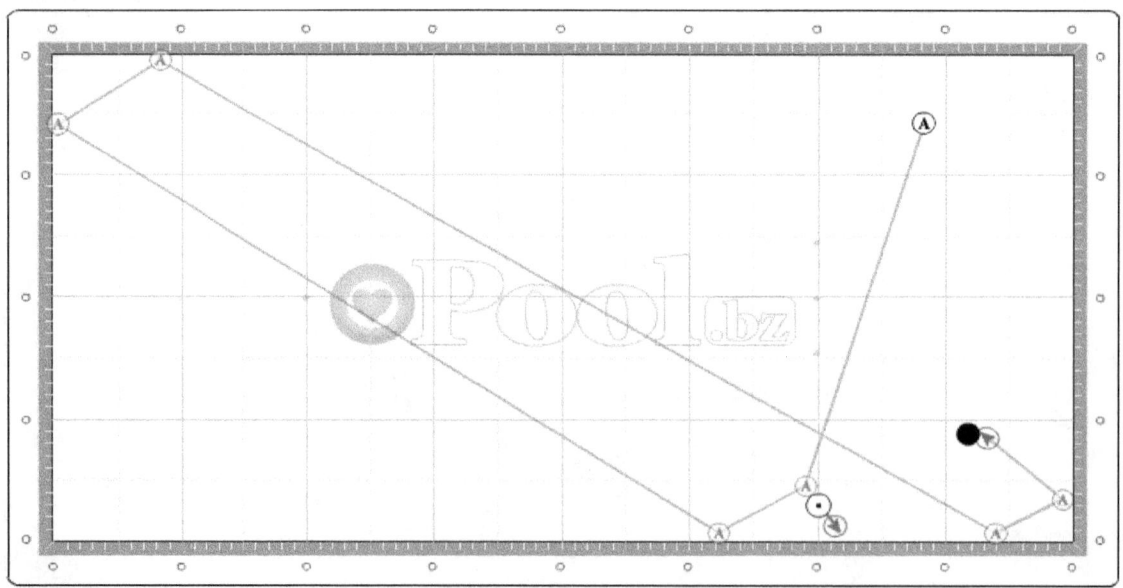

3-vallin kara: Diagonaalinen kulma kulmakuvioihin

E:6d – Piirustus

Huomautuksia ja ideoita:

Pallokuviota

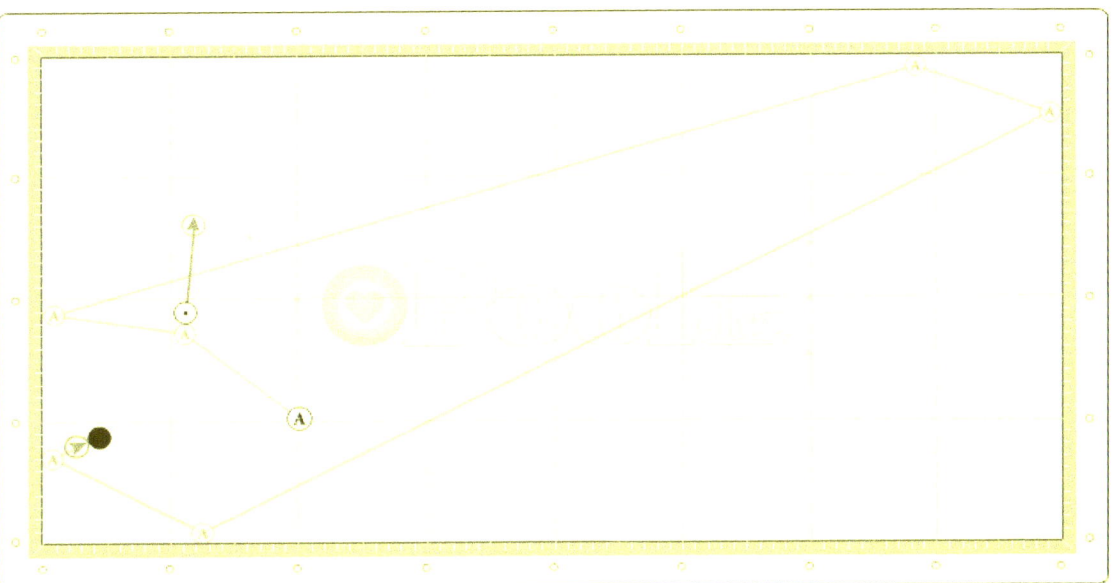

F: Kolminkertainen lävistäjä

(CB) poistuu ensimmäisestä (OB): sta ja siirtyy sitten lävistäjäkuvioon. Nämä ovat mielenkiintoisia ratkaisuja, koska (CB) liikkuu ylös ja alas pöydälle kolme kertaa.

Ⓐ (CB) (sinun biljardipallo) – ⊙ (OB) (vastustaja biljardipallo) – ● (OB) (punainen biljardipallo)

F: Ryhmä 1

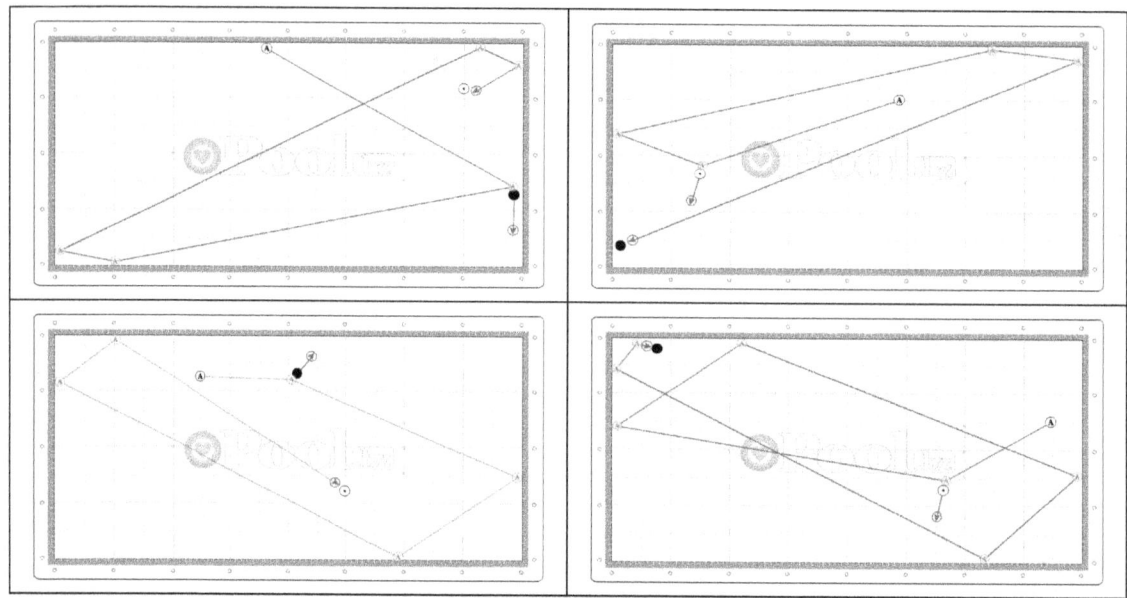

Analyysi:

F:1a. _____

F:1b. _____

F:1c. _____

F:1d. _____

F:1a – Piirustus

Huomautuksia ja ideoita:

Pallokuviota

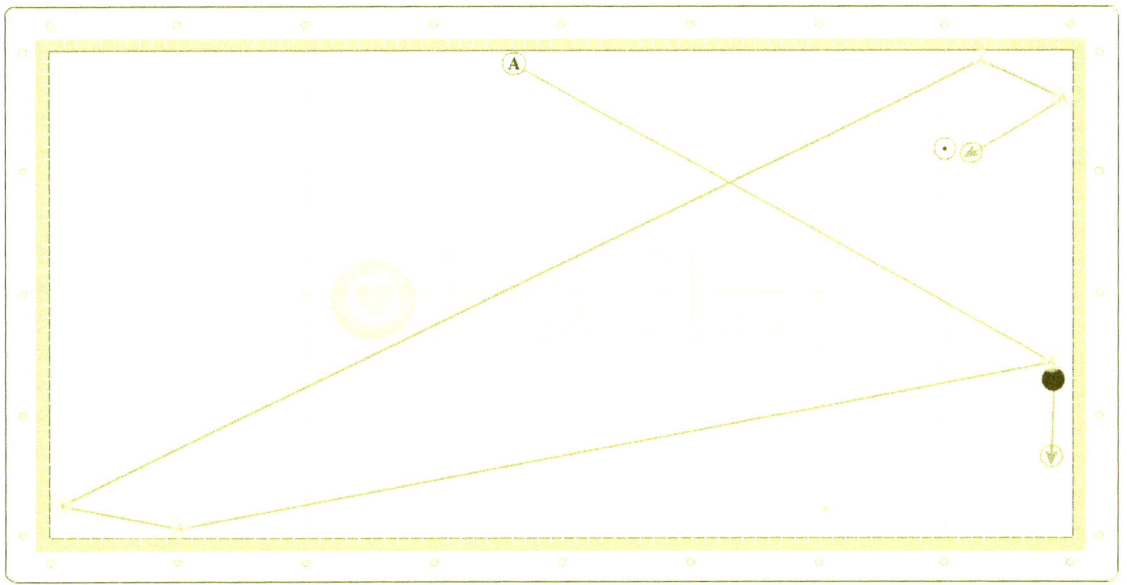

F:1b – Piirustus

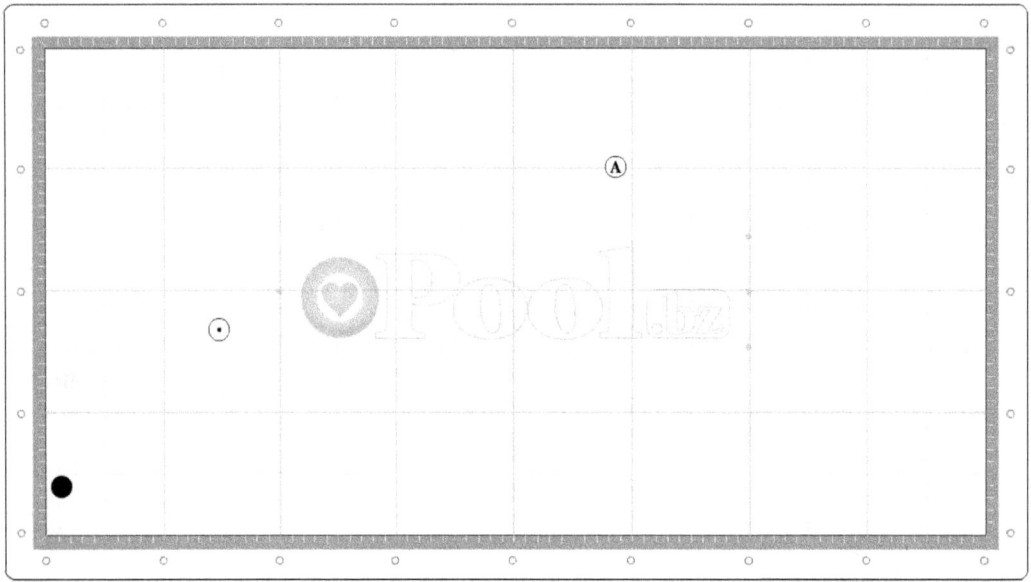

Huomautuksia ja ideoita:

Pallokuviota

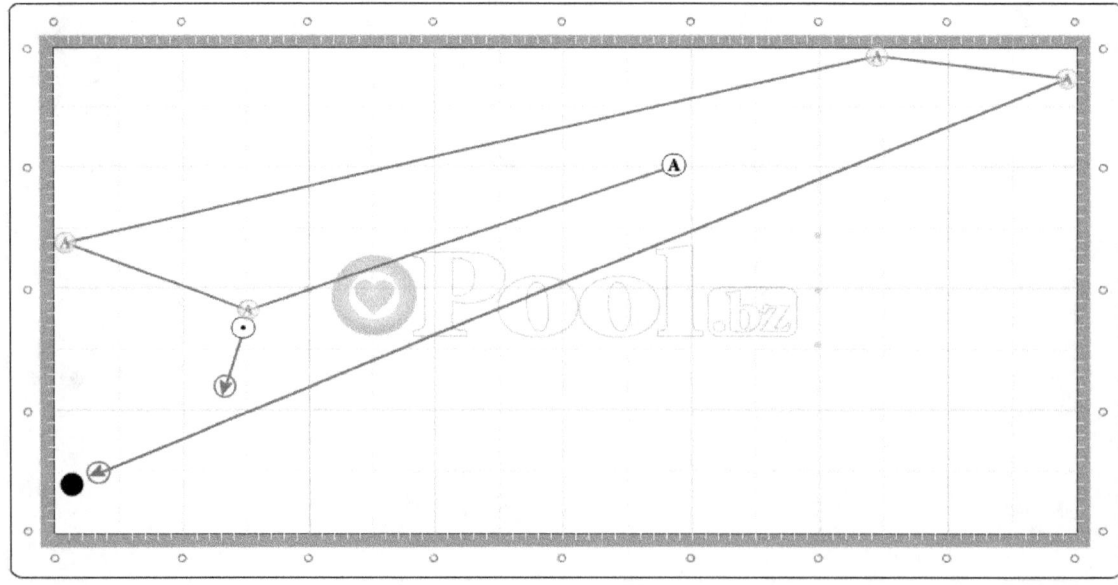

3-vallin kara: Diagonaalinen kulma kulmakuvioihin

F:1c – Piirustus

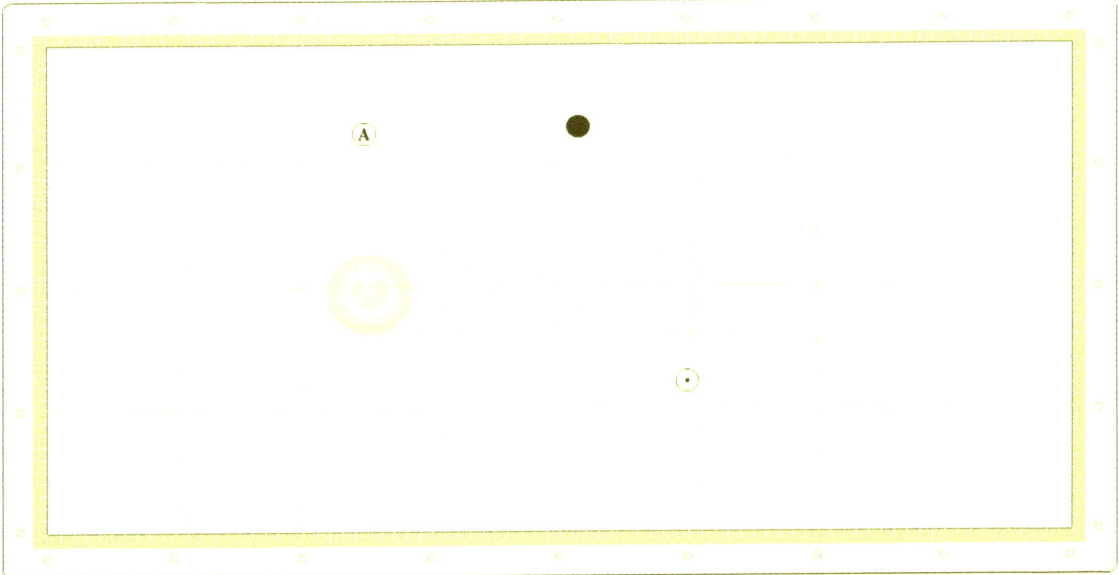

Huomautuksia ja ideoita:

Pallokuviota

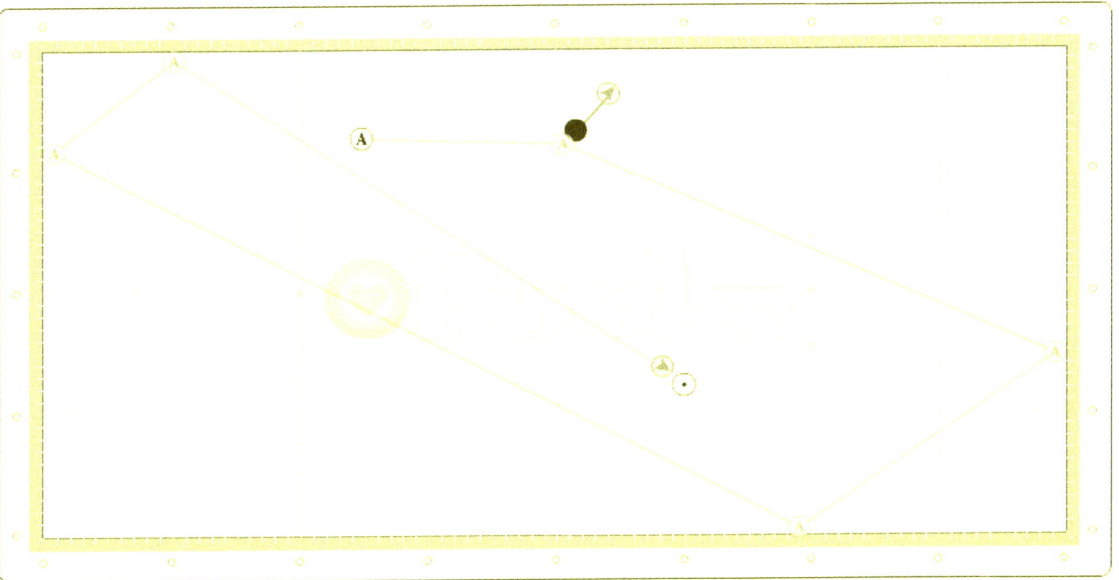

F:1d – Piirustus

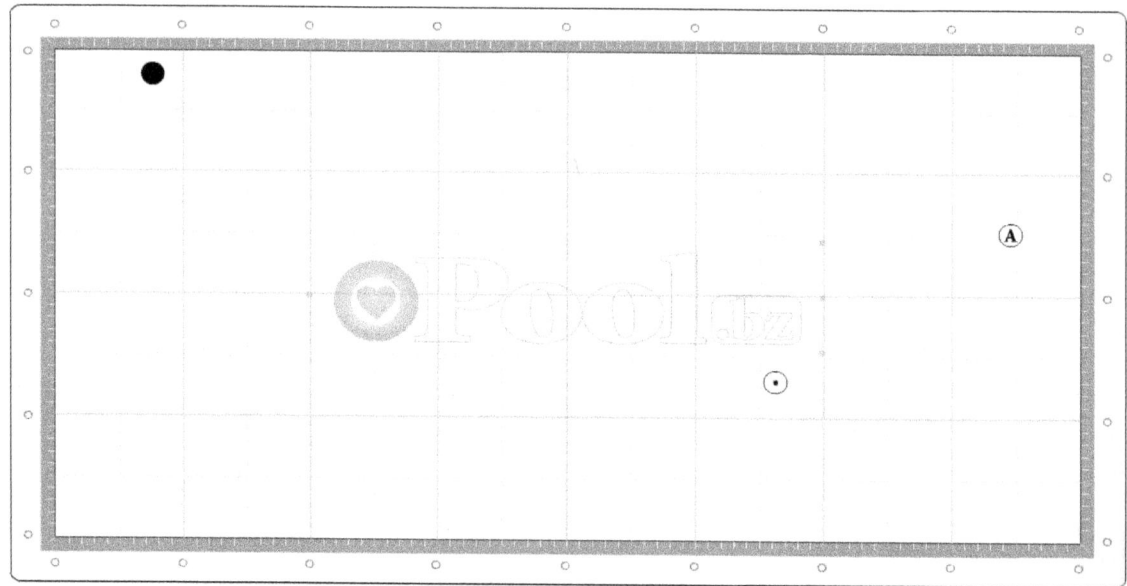

Huomautuksia ja ideoita:

Pallokuviota

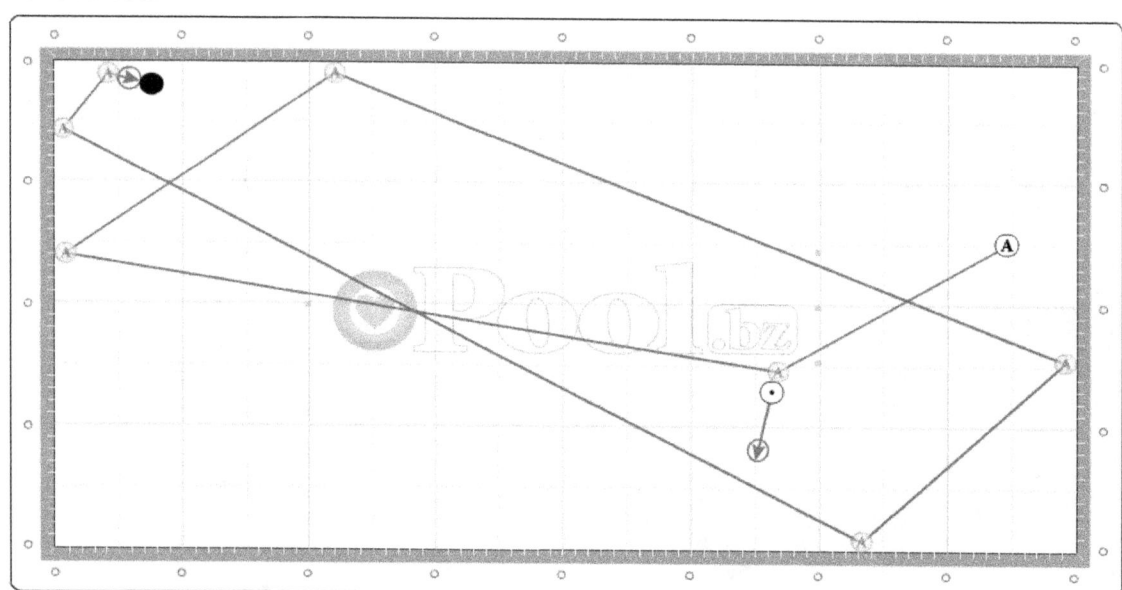

F: Ryhmä 2

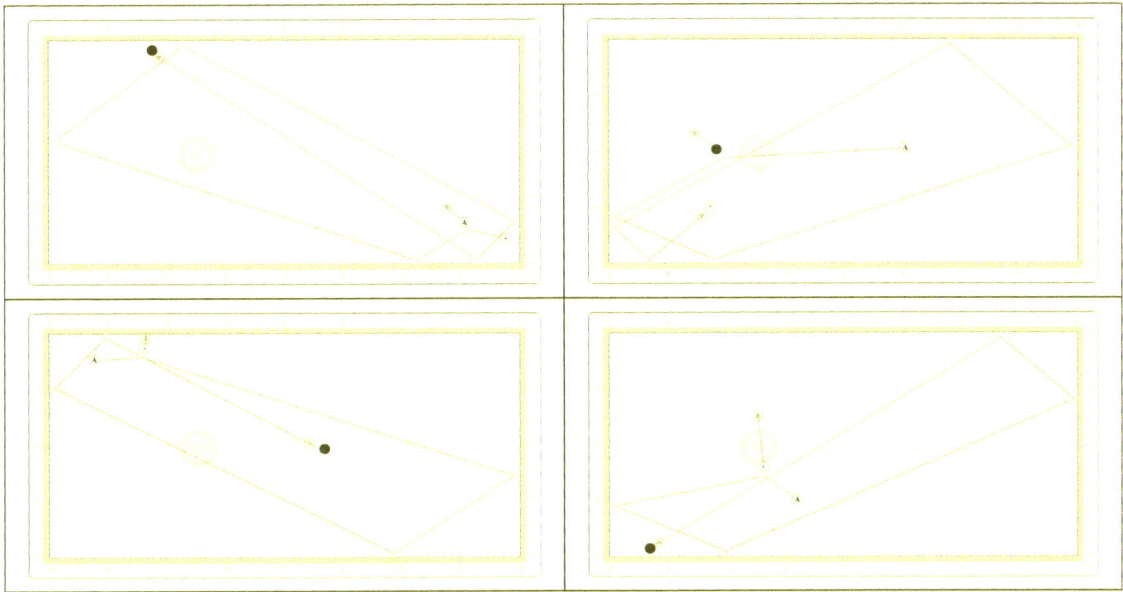

Analyysi:

F:2a. _____

F:2b. _____

F:2c. _____

F:2d. _____

F:2a – Piirustus

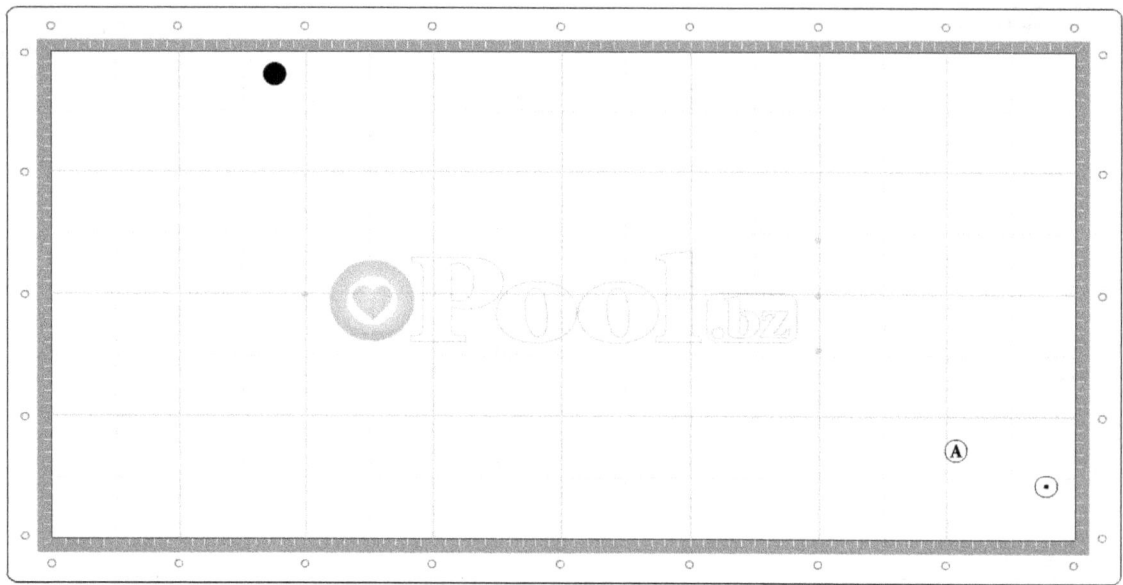

Huomautuksia ja ideoita:

Pallokuviota

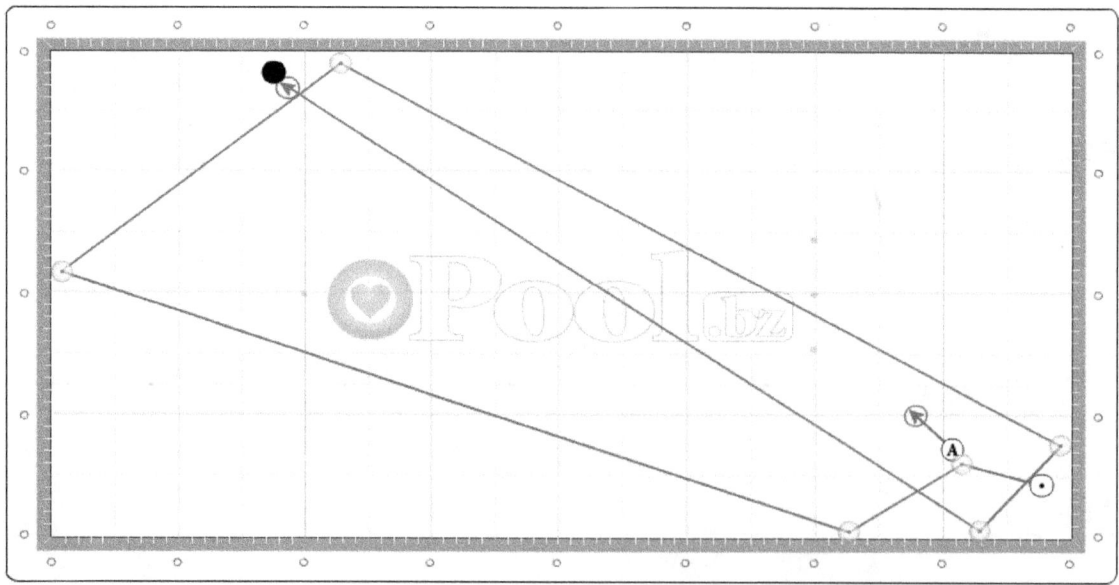

F:2b – Piirustus

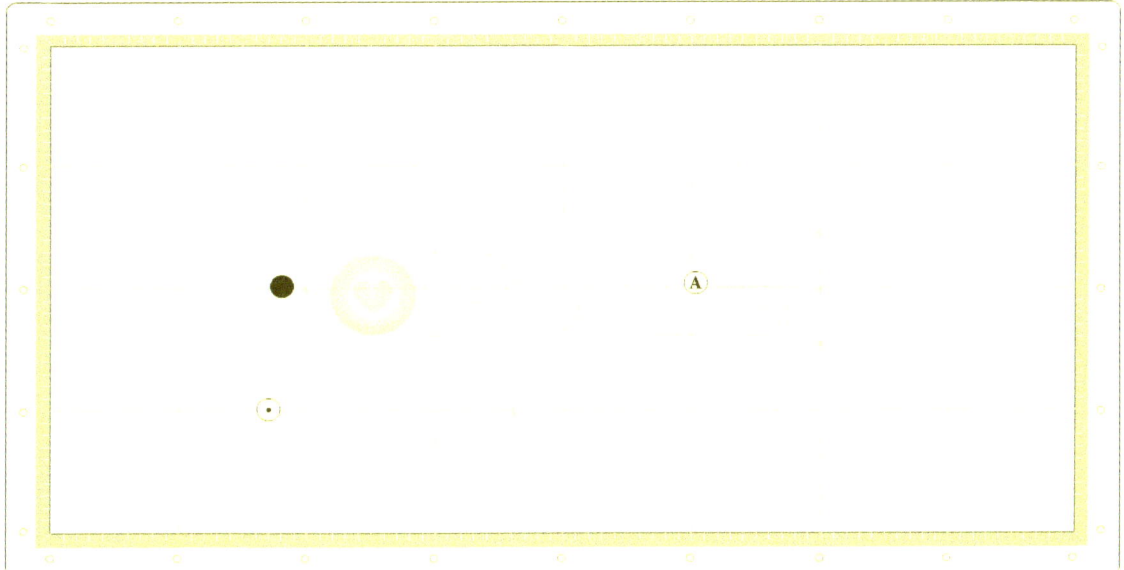

Huomautuksia ja ideoita:

Pallokuviota

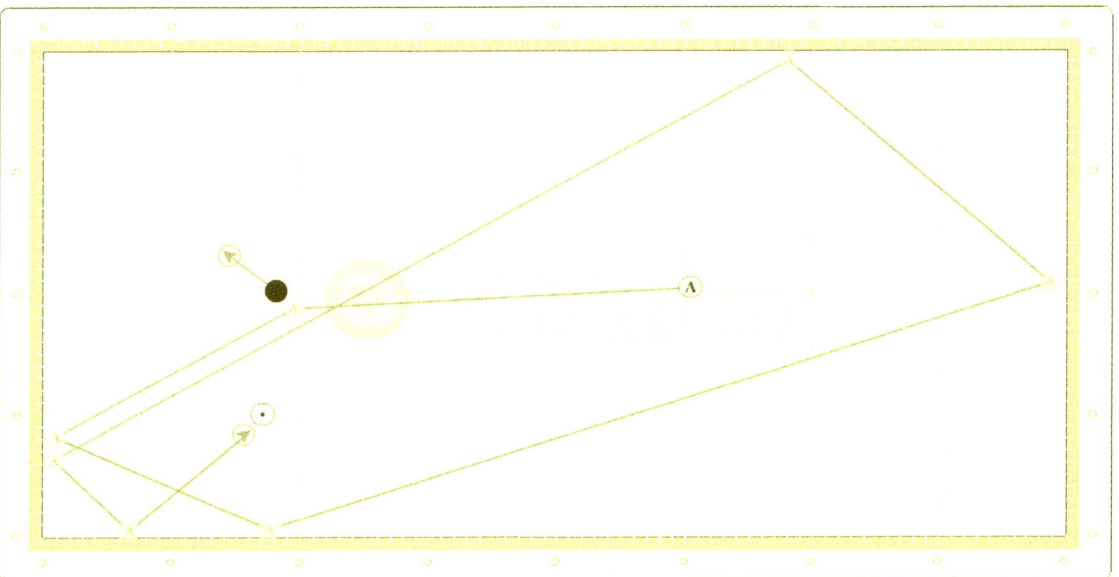

F:2c – Piirustus

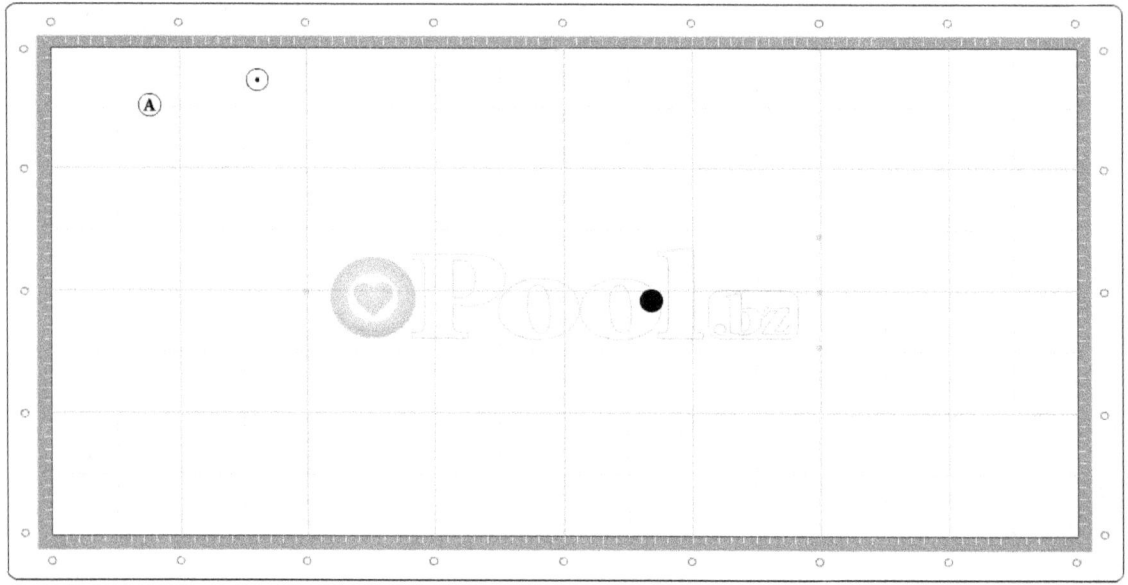

Huomautuksia ja ideoita:

Pallokuviota

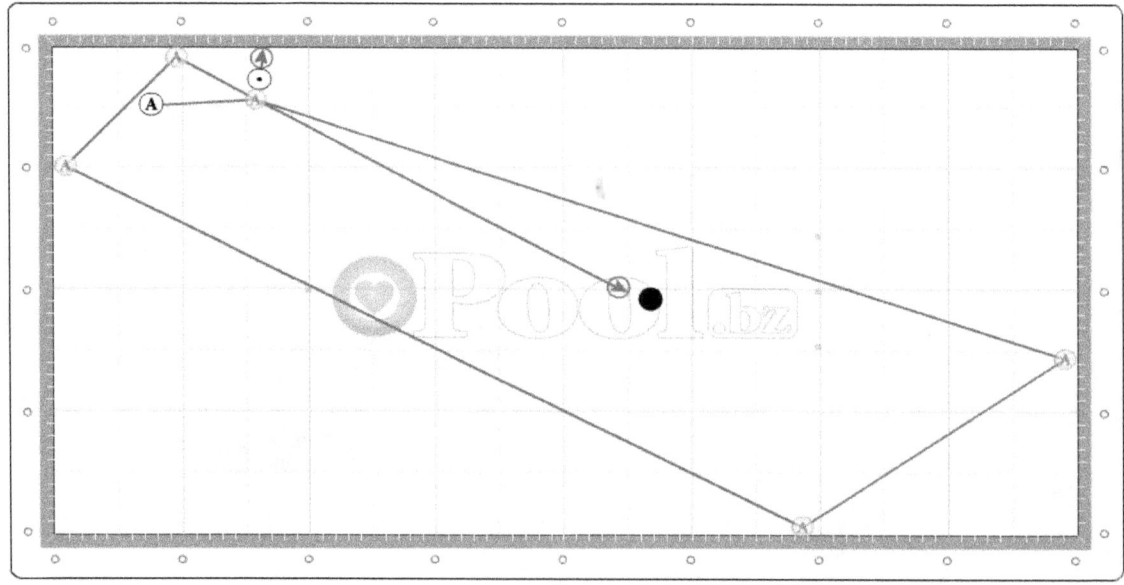

3-vallin kara: Diagonaalinen kulma kulmakuvioihin

F:2d – Piirustus

Huomautuksia ja ideoita:

Pallokuviota

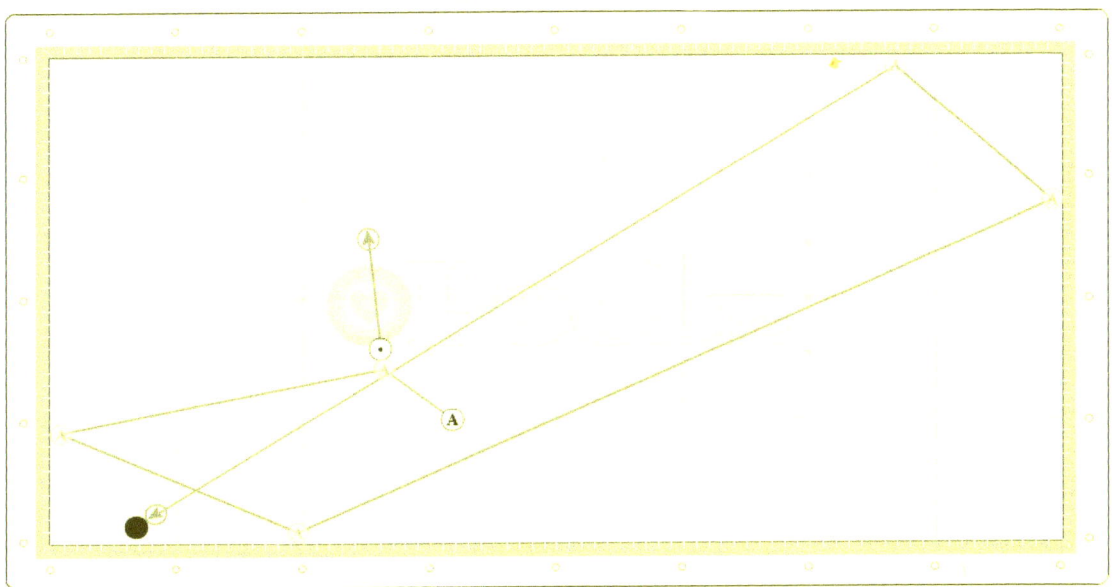

F: Ryhmä 3

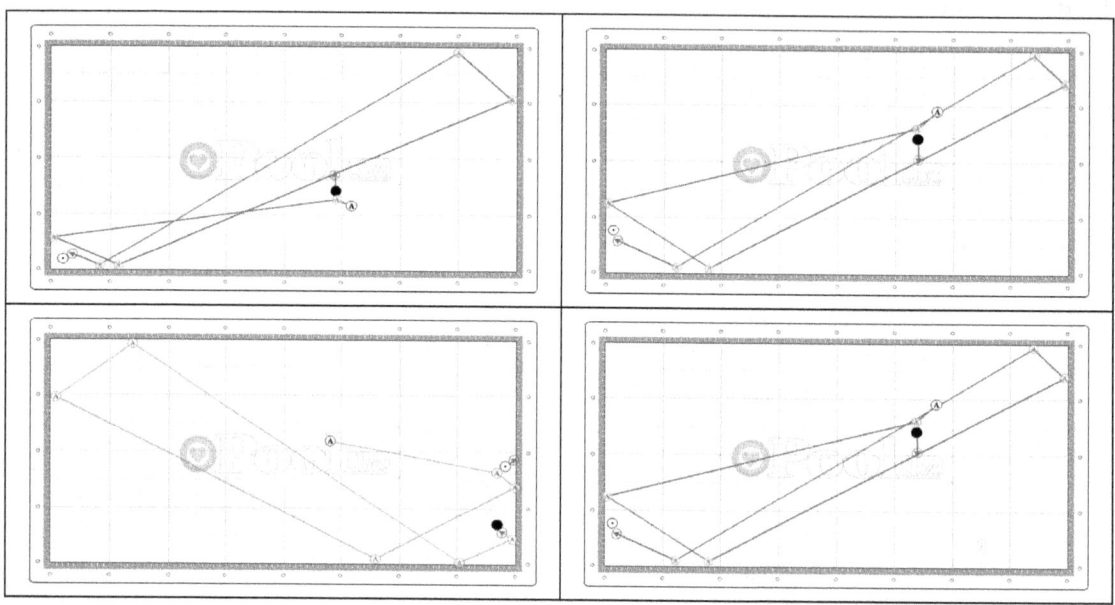

Analyysi:

F:3a. _____

F:3b. _____

F:3c. _____

F:3d. _____

f:3a – Piirustus

Huomautuksia ja ideoita:

Pallokuviota

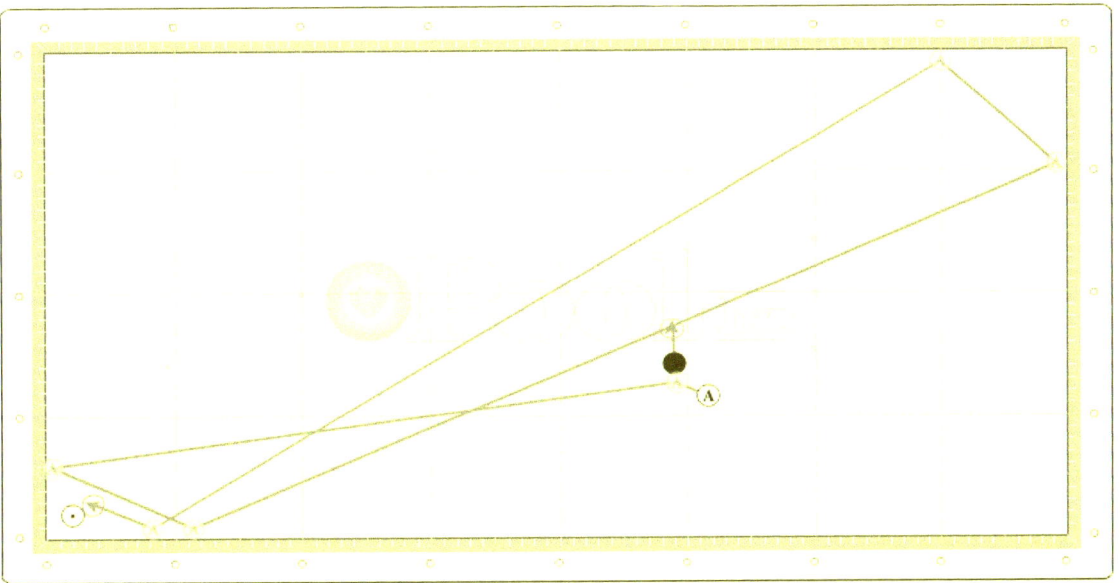

F31b – Piirustus

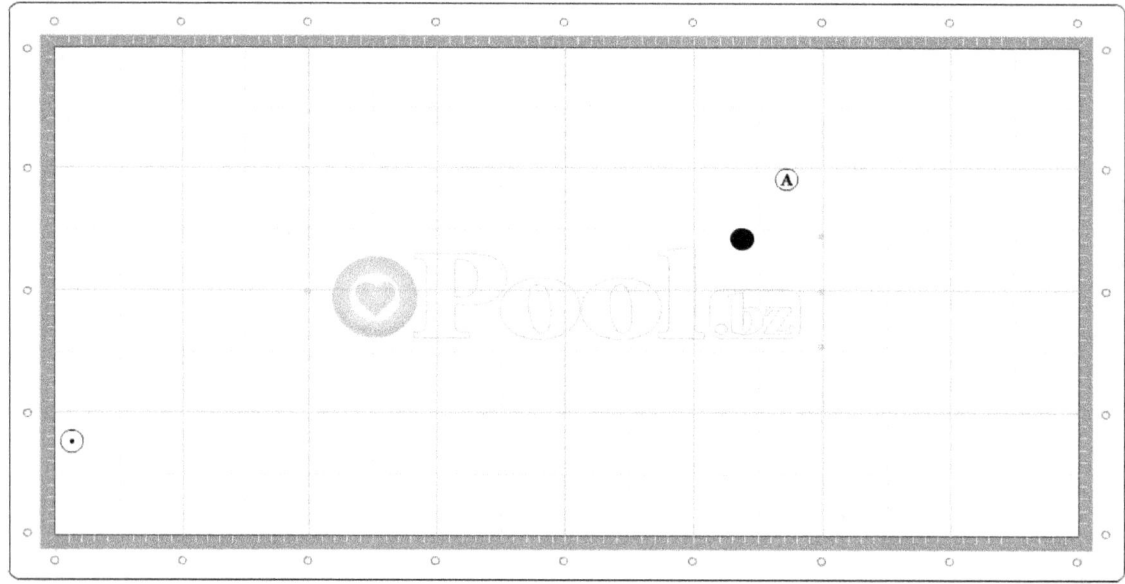

Huomautuksia ja ideoita:

Pallokuviota

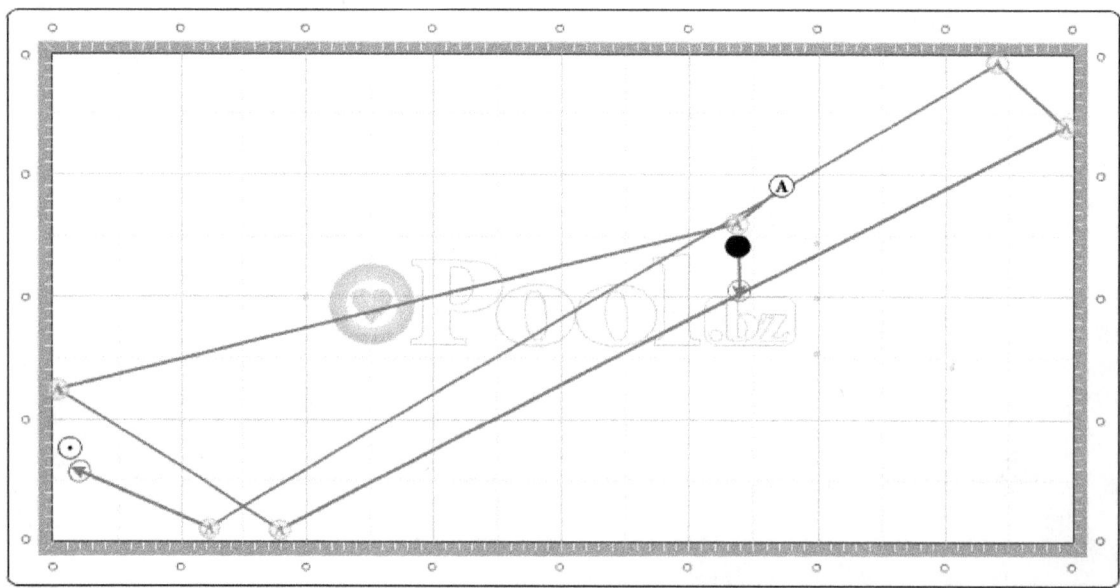

3-vallin kara: Diagonaalinen kulma kulmakuvioihin

F:3c – Piirustus

Huomautuksia ja ideoita:

Pallokuviota

F:3d – Piirustus

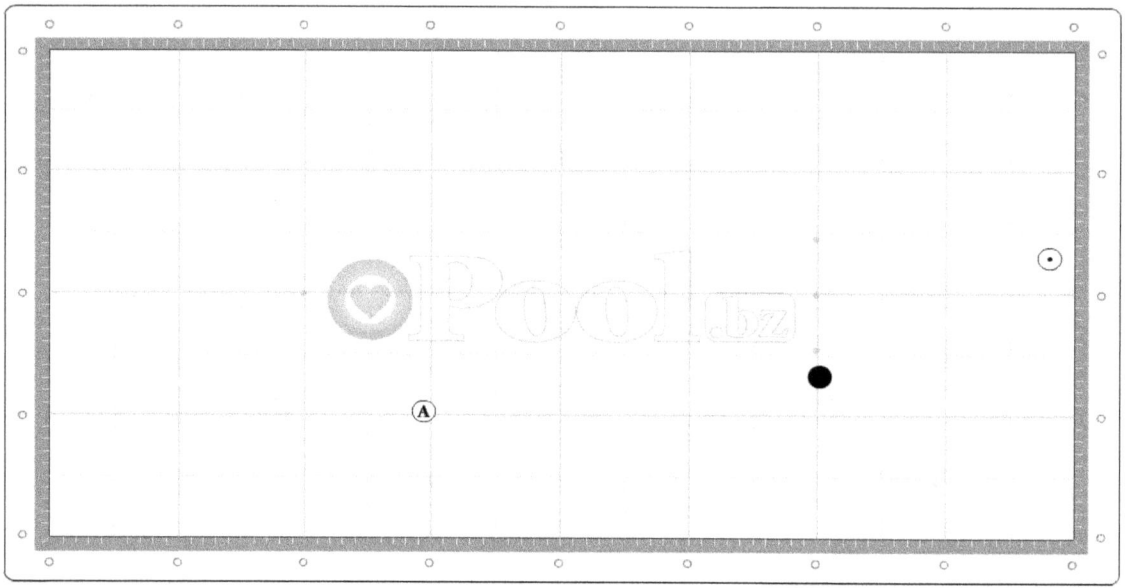

Huomautuksia ja ideoita:

Pallokuviota

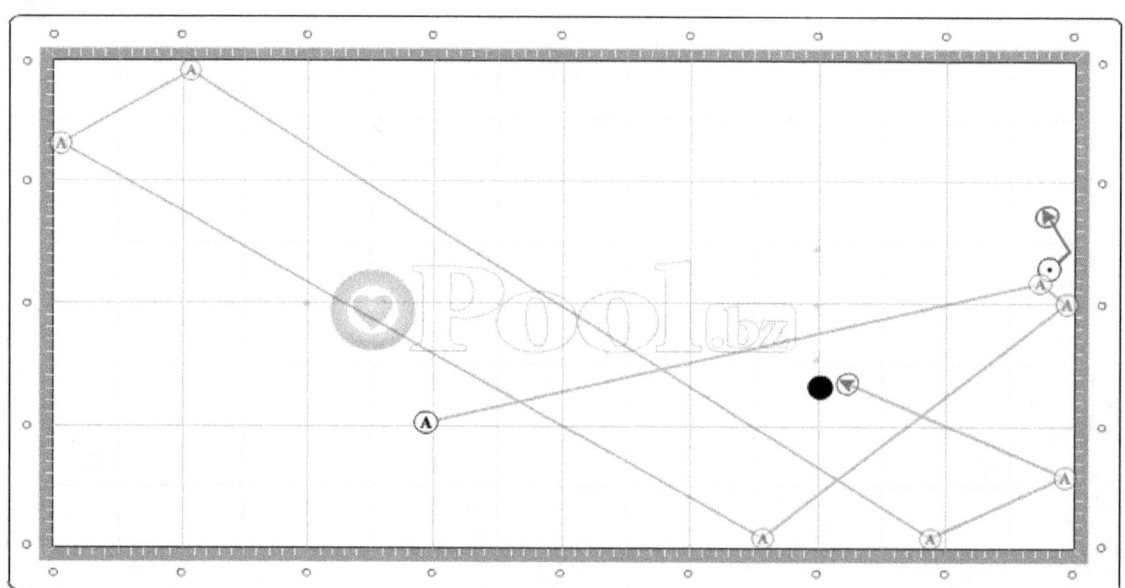

www.ingramcontent.com/pod-product-compliance
Lightning Source LLC
Chambersburg PA
CBHW080920170426
43201CB00016B/2209